集人文社科之思 刊专业学术之声

刊　　　名：中国第三部门研究

主办单位：上海交通大学国际与公共事务学院

　　　　　上海交通大学中国公益发展研究院

　　　　　上海交通大学第三部门研究中心

主　　编：徐家良

Vol.16 CHINA THIRD SECTOR RESEARCH

第16卷

集刊序列号：PIJ-2015-157

中国集刊网：http://www.jikan.com.cn/

集刊投约稿平台：http://iedol.ssap.com.cn/

中文社会科学引文索引（CSSCI）来源集刊
上海交通大学国际与公共事务学院
上海交通大学中国公益发展研究院
上海交通大学第三部门研究中心

中国第三部门研究

徐家良／主编

CHINA
THIRD SECTOR
RESEARCH

第 16 卷

Vol. 16

社会科学文献出版社
SOCIAL SCIENCES ACADEMIC PRESS (CHINA)

主编的话

　　值《中国第三部门研究》（第 16 卷）出版之际，有必要回顾一下上海交通大学中国公益发展研究院、第三部门研究中心自 2018 年《中国第三部门研究》（第 15 卷）出版以来在举办和参加学术会议、智库建设、科研和社会服务方面做的工作，可以概括为以下十件事，且在国内外的影响力继续扩大。

　　第一件事，举办媒体人工作坊。6 月 10 日，首期"公益中国－媒体人工作坊"在上海交通大学徐汇校区举行开班仪式。这个项目由上海交通大学中国公益发展研究院、上海交通大学国际与公共事务学院联合上海第一财经公益基金会、上海真爱梦想公益基金会共同承办，得到上海新力公益基金会、兴全基金的赞助支持。上海交通大学中国公益发展研究院院长、国际与公共事务学院教授徐家良以"中国社会组织政策与法律法规发展"为主题授课。

　　第二件事，参加国际会议。6 月 25 日至 29 日，徐家良教授应邀参加在突尼斯举办的 2018 年国际行政科学学会年会，本次国际行政科学学会年会主题为"维持、适应、奋斗：行政体系的韧性"。徐家良教授参加"基层治理中的行政韧性"专场会议，就"互联网背景下基层政府与居民良好关系构建"做了专题报告。7 月 23 日至 27 日，徐家良教授参加在秘鲁首都利马举行的 2018 年国际行政院校联合会－拉丁美洲公共管理会议，会议主题是"全球化、区域和一体化"，徐家良教授还应邀做了题为"地方治理与公益发展模式：以上海浦东为例"的报告。

第三件事，召开慈善组织评估标准研讨会。7 月 5 日，社会组织评估发展报告暨慈善组织评估标准研讨会在上海交通大学徐汇校区新建楼举办。会议由上海交通大学国际与公共事务学院、中国公益发展研究院主办，上海市法学会慈善法治研究会协办。上海交通大学国际与公共事务学院党委书记姜文宁主持会议，民政部社会组织服务中心副主任刘锋、民政部社会组织服务中心管理服务处副处长张成刚、上海交通大学党委副书记顾锋、上海交通大学文科建设处处长吴建南、上海交通大学中国公益发展研究院院长徐家良及有关学者、社会组织负责人和媒体记者等 20 多人参加会议。研讨会围绕社会组织评估和《慈善组织评估标准（基金会）》（讨论稿）两个议题进行了讨论，有助于民政部门做好社会组织评估和慈善组织评估标准制定工作、推动公益行业的规范化、提升社会组织能力。

第四件事，研究成果被刊登。7 月 6 日，《上海市哲学社会科学学术话语体系创新通讯》（2018 年第 19 期）刊登了徐家良教授的由上海市哲学社会科学学术话语体系建议办公室、上海市哲学社会科学规划办公室资助的"改革开放 40 周年"系列研究专项——"改革开放后上海社会组织创新发展研究"的研究成果。该研究成果指出，改革开放40 年来，上海社会组织做出了探索性的贡献，社会组织在参与社会治理、扩大公共服务等方面虽已取得很大成就，但在新时代同综合性的全球城市定位相适应方面还有一定的提升空间，需要在补齐短板、破解难题、优化环境、增强活力方面取得新的进展。

第五件事，参加评审会和出席相关会议。在民政部社会组织管理局指导下，7 月 9 日至 12 日，徐家良教授应邀作为评审专家参加第一期互联网募捐信息平台训练营，了解互联网募捐信息平台基本情况。7 月14 日，在上海公益新天地参加公益之申"十佳公益机构"、"十佳公益伙伴企业"和"十佳公益故事"的初评。9 月 13 日，到上海电视台参加上海"十佳公益机构"、"十佳公益项目"、"十佳公益故事"、"十佳公益伙伴企业"、"十佳校园公益"和"十佳公益基地"的终评。9月17日，参加在上海社会科学院社会学研究所举办的上海市"十三五"规划社会发展中期评估课题中期成果交流会。9月29日，应邀到上海东方电视台东视剧场参加2018"公益盛典"晚会，给公益之申人气奖的获奖机构颁奖。

第六件事，为相关的机构授课。7月17日，在复旦大学管理学院为四川绵阳市社会组织负责人做了题为"社会组织规范化建设"的讲座。7月19日，徐家良教授给浦东新区行业协会、商会专职工作人员培训班讲"行业协会组织治理"课。9月4日，徐家良教授应上海市慈善基金会黄浦区代表机构邀请做了题为"慈善行业政策及其发展趋势分析"的报告。

第七件事，举办双周论坛与公益筹款讲座，召开翻译图书座谈会。6月11日，邀请北京三一公益基金会秘书长李劲在上海交通大学徐汇校区做了"在中国我们为什么做公益"的讲座，本次是上海交通大学第三部门双周论坛第48讲。7月27日，上海交通大学中国公益发展研究院联合上海静安区方德瑞信社会公益创新发展中心公益筹款人联盟项目组共同发起"Money，Tea & Talk"上海公益筹款主题每月下午茶讲座，邀请加拿大华人筹款人 Melody Song 女士做了题为"当上海遇上卡尔加里——加拿大筹款行业发展分享"的主题报告。8月17日，与上海财经大学出版社一起举行中外慈善比较研究与创新实践研讨会暨"世界公益与慈善经典译丛"出版座谈会。上海交通大学、中国公益发展研究院院长徐家良教授做了"全球慈善从传承到行动"的主题分享，重点介绍了译丛中由他推荐引进和翻译的《公益创业》、《美国历史上的慈善组织、慈善事业和公民性》与《全球劝募》三本书。8月31日，举办第二期公益筹款讲座，主题定为"临阵磨枪不快也光——你必须了解的面对面筹款的小秘密"，方德瑞信社会公益创新发展中心负责人叶盈、善淘网创始人余诗瑶分享了相关经验。

第八件事，接待海内外客人。6 月 19 日，接待中国职工发展基金会副秘书长汪研一行，讨论上海交通大学与中国职工发展基金会合作事宜。9 月 5 日，洛克菲勒基金会亚洲区董事总经理 Deeppali khanna 访问上海交通大学，了解中国慈善事业的发展现状与趋势。

第九件事，考察科技类社会组织。8 月 15 日、28 日，徐家良教授先后与上海市科学技术交流中心副主任刘光顺一行考察深圳、重庆科技类社会组织在科创中心建设中的作用，了解科技类社会组织的运行情况。

第十件事，承办公益伙伴日主题论坛。9 月 16 日，由上海市民政局、上海市社会团体管理局主办，上海交通大学中国公益发展研究院承办的"社会组织与精准扶贫高峰论坛"在上海公益新天地举行。民政部社会组织管理局副局长黄茹，上海市民政局党组书记、局长朱勤皓，上海市民政局副局长、上海市社会团体管理局局长蒋蕊，上海市人民政府合作交流办公室副主任邱大昌，中国人民大学乡村建设中心主任、北京大学乡村振兴中心主任温铁军教授，国家发改委国际合作中心区域合作与开放研究所所长景朝阳研究员，上海交通大学中国公益发展研究院院长徐家良教授等领导和嘉宾，以及浙江、安徽、贵州、云南等相关民政部门领导、国内知名专家学者和实务工作者共同出席高峰论坛。本次论坛是上海交通大学中国公益发展研究院作为民政部社会组织与社会建设研究基地、全国社会组织教育培训基地、上海公益基地的年度重点项目，取得了圆满成功。

上海交通大学中国公益发展研究院、第三部门研究中心在咨政建言方面仍然发挥积极作用。除向民政部等中央有关部委撰写成果要报，还向上海市委、市政府递交相关报告。特别是围绕《社会组织登记管理条例》（征求意见稿）向民政部、司法部等有关部门递交决策咨询专家意见稿。

通过梳理 2018 年下半年的工作，上海交通大学中国公益发展研究院、第三部门研究中心做了不少事，在国内外继续发挥积极作用。

本卷的论文，共有 7 篇。第一篇论文由华东理工大学社会与公共管理学院教授王芳、华东理工大学人文科学研究院博士研究生邓玲所写，题目为《自治式共治：城市社区环境善治的实现路径——基于上海市 M 社区的实践经验》。论文基于上海市 M 社区环境治理的实践分析，构建了一个自治式共治的分析框架，该框架包括居民自治、社会参与、企业履责和政府嵌入四个要素。自治式共治是多重力量在实践中不断互构的过程，各利益主体形成了以社区为基础的治理合力，推动了城市社区环境善治的实现。

第二篇论文由暨南大学公共管理/应急管理学院教授胡辉华、暨南大学公共管理/应急管理学院硕士研究生黄巡晋所写，题目为《"枢纽型"社会组织目标错位的实践逻辑及内在机制——基于广东省 T 社团的实证研究》。该论文以工作年历为视角，在对 T 社团个案考察的基础上描述了"枢纽型"社会组织依附政府的特殊策略与实践逻辑。

第三篇论文为北京师范大学公共管理专业博士生张丛丛、北京化工大学文法学院讲师朱照南、北京师范大学社会发展与公共政策学院教授陶传进所写，题目为《从环境抗争到协同治理：ENGO 在路径演化中的作用机制研究》。文章以环保类社会组织（ENGO）为研究对象，分析了 ENGO 介入环境抗争、化解社会冲突的作用机制。

第四篇论文由湖南大学法学院公共管理系助理教授许源所写，题目为《先赋与诱导：政府购买服务环境下社会组织行动策略研究》。论文指出官办社会组织在政府购买环境中采取制度化结构、网络化联盟、体制内试验、项目化管理等行动策略，属于先赋型行动，依赖并借助政府部门的强势支持，获得了天然的制度合法性及其资源。民办社会组织在政府购买环境中采取资源化导向、社会化动员、行政性嵌入、商业化思路、专业化定位等行动策略，属于诱导型行动，根据具体的环境主动或被动调整组织行动，以获取组织生存和发展的关键资源。社会组织行动策略是平衡政府购买环境中有利因素与不利因素的重要机制。

第五篇论文由南京大学社会学院讲师田蓉所写，题目为《使命 vs

活命：长三角地区社会企业双重目标之平衡》。论文以长三角地区 16 家社会企业为案例，对组织运营现状、双重目标平衡策略进行了分析，个案社会企业运作的鲜明特点在于"公司＋民非"双重法律身份运作，这是对当前不确定的规制环境以及欠缺包容的公益文化环境的应对，"活命"较之"使命"是多数社会企业的优先策略考虑，组织"社会使命"的达成仍然需要依赖健全有力的机构治理机制保障。

第六篇论文由上海大学社会学院讲师严俊、上海大学社会学院硕士研究生孟扬所写，题目为《道德化市场中的社会组织：市场区隔与"价值－利益"双目标行为》。论文从经济社会学的经典命题"道德化市场"的视角出发，对来自长三角地区的 23 家社会组织案例进行了分析。社会组织所处的公益领域同样具有市场特征，但与一般市场的差别在于，公益价值不仅造成了一系列涉及市场主体身份认定的门槛条件，进而形塑了宏观层面的市场区隔，还将持续影响社会组织的行动过程呈现对"价值－利益"双目标均衡的追求。

第七篇论文由中山大学社会学与人类学学院博士研究生杨育土所写，题目为《行业协会的专利创新效应及其影响机制——基于企业社会资本结构维度视角》。论文在企业社会资本结构维度视角下，利用珠三角制造业企业调研数据，采用负二项回归模型，对行业协会的专利创新效应及其影响机制进行了分析。

在七篇论文的基础上，还有书评、机构访谈、人物访谈和域外见闻。

"书评"栏目由中共上海市委党校（上海行政学院）副教授赵文聘所写，题目为《社会创业：未来社会变革的推动力量——评〈21 世纪社会创业——席卷非营利、私人和公共部门的革新〉》。乔茁娅·列文森·凯欧翰所写的《21 世纪社会创业——席卷非营利、私人和公共部门的革新》一书主要关注非营利、私人和公共部门之间的合力协作，正在兴起的社会创业理念包含了某种关于创变的集体性或协同性视角。

"访谈录"栏目中的"机构访谈"介绍了宁波市象山县抗癌康复协会。象山县抗癌康复协会自邓绪田创立于 2005 年，最初会员只有 38

人，他们相互鼓励、相互依靠，让这群本在绝望中的人重燃生命的火光。现任会长陈绍雷 2013 年完成了建立分会的任务，2018 年象山县抗癌康复协会在全体成员的共同努力下，成为全国唯一实现全面覆盖的县级协会，协会人数增加至 2120 人。为了给会员提供更多科学抗癌的指导，协会每年举办 24 场义诊，邀请的专家团队将近 30 人。成立 13 年来，象山县抗癌康复协会共发放慰问金 200 余万元，慰问人数达 1500 多人，会员的康复生存率从最初的 84.4% 提高到 96.1%，超过社会平均康复率一倍以上。2017 年，象山县抗癌康复协会荣获 "全国抗癌优秀组织" 称号，这是全国唯一获此殊荣的县级抗癌组织。

"人物访谈" 访谈了美国马萨诸塞州大学 Amherst 校区社会与行为科学院助理教授许未艾。许未艾，纽约州立大学布法罗分校传播学博士，其研究兴趣聚焦于数字技术、网络市民社会等，具体研究方向主要包括公共机构对于社交媒体的应用、网络市民社会里的信息扩散、集体行为和意见分化等。在 *Nonprofit and Voluntary Sector Quarterly*、*Social Networks*、*Computers in Human Behavior* 等刊物发表多篇学术论文。

"域外见闻" 栏目约请了上海交通大学国际与公共事务学院公共管理专业博士生张文娟介绍印度民间组织发展情况。印度现代民间组织的发展起始于英殖民统治时期，从天主教福利和印度教改革类型逐步拓展到包括宗教慈善、世俗结社、甘地类社会组织及政治类组织等多元化存在形式。独立后的印度，在民间组织的规制上也逐步理出了一个以组织注册、税收优惠及接受国外捐赠为基础的操作性框架。

上海交通大学文科建设处处长吴建南和副处长解志韬、上海交通大学国际与公共事务学院党委书记姜文宁等领导对上海交通大学中国公益发展研究院、第三部门研究中心和《中国第三部门研究》集刊提供了强有力的支持和诸多的便利。这也是我担任上海交通大学国际与公共事务学院教授和上海交通大学中国城市治理研究院研究员的研究成果。同时，感谢上海交通大学国际与公共事务学院对集刊的出版资助。我们感到欣慰的是，从第 14 卷开始，没有约稿，全部稿件来自作者自愿投稿，而且论文质量越来越高，这说明《中国第三部门研究》集刊得到了学术界较高的关注。

特别感谢社会科学文献出版社谢寿光社长、杨群总编辑的关心和胡庆英编辑的认真负责！

为了提高服务的水平，确保论文质量，我们成立了编辑部，尽可能发挥团队的力量和智慧。《中国第三部门研究》将努力为国内外第三部门学术界、实务界和管理机构提供一个信息交流与平等对话的平台，倡导有自身特色的学术规范，发表创新性的论文，不懈追求对理论的新贡献。为了梦想，我们共行，我们一同成长！

徐家良

2018 年 10 月 1 日国庆节于浙江武义

内容提要

　　《中国第三部门研究》是中文社会科学引文索引（CSSCI）来源集刊，主要发表国家与社会关系、社会改革与创新、第三部门与地方治理、慈善公益和公民参与等方面的研究成果，本卷收录主题论文 7 篇、书评 1 篇、访谈录 2 篇、域外见闻 1 篇。主题论文涉及城市社区环境治理议题、"枢纽型"社会组织目标错位的实践逻辑及机制、ENGO 从环境抗争到协同治理路径演化中的作用机制、政府购买服务环境下的社会组织行动策略、长三角地区社会企业双重目标之平衡、道德化市场中的社会组织以及行业协会的专利创新效应及其影响机制。书评从乔芷娅·列文森·凯欧翰《21 世纪社会创业——席卷非营利、私人和公共部门的革新》（*Entrepreneurship for the 21st Century-Innovation Across the Nonprofit，Private，and Public Sectors*）一书出发，关注和分析非营利部门、私人部门和公共部门三者之间的合力协作。访谈录介绍了宁波市象山县抗癌康复协会探寻公益性社会组织发展之路的历程，分析了美国 UMass Amherst 大数据与公共管理研究变革中的趋势与方法，域外见闻分析了印度民间组织的发展，进一步梳理了印度民间组织从英殖民统治时期至印度独立后的发展过程。

目　　录

主题论文

书　评

访谈录

域外见闻

主题论文

ARTICLES

中国第三部门研究　　第 16 卷
第 3～23 页
© SSAP，2018

自治式共治：城市社区环境善治的实现路径

——基于上海市 M 社区的实践经验[*]

王　芳　邓　玲[**]

摘　要：城市社区环境治理议题是创新城市环境治理和社会治理双重实践中的一个重要社会问题。基于上海市 M 社区环境治理的实践分析，本文构建了一个自治式共治的分析框架，该框架包括居民自治、社会参与、企业履责和政府嵌入四个要素。居民自治是居民通过一定的组织形式、借助一定的制度载体开展环境自治行动；社会参与是外来社会力量以组织动员、业务指导等方式参与社区环境治理；企业履责即企业在生产经营过程中，自觉履行保护社区环境、推动生态文明的

---

[*]　基金项目：上海市哲学社会科学规划项目"超大城市社区环境治理创新实践研究"（2017BSH007）；教育部人文社科研究规划基金项目"大都市社区环境治理机制创新及实现路径研究"（18YJA840010）。

[**]　王芳，华东理工大学社会与公共管理学院教授、博士生导师，上海大学社会学院博士，主要从事社会治理、环境社会学方面的研究，E-mail：wangfang@ ecust. edu. cn；邓玲，华东理工大学人文科学研究院博士研究生，主要从事生态治理、生态文明方面的研究，E-mail：aihndeng@ 163. com。

社会责任；政府嵌入则是政府以嵌入治理的方式，对社区环境治理走向进行引导和干预。自治式共治是多重力量在实践中不断互构的过程，在这一过程中各利益主体形成了以社区为基础的治理合力，推动了城市社区环境善治的实现。

关键词： 城市社区　环境治理　自治式共治　善治

一　问题的提出

随着中国以工业化和城市化为核心的现代化进程的加速推进，各类环境风险和环境问题不断滋生和暴发，环境保护与治理已成为全面建成小康社会的三大攻坚战之一。城市社区作为人、空间和活动互动的基本场域，也深受现代化进程和市场化机制的影响，城市社区环境问题业已成为社区建设与城市发展的突出短板。能否实现社区环境的有效治理不仅关系到社区环境状况的改善，也关系到社区和城市的可持续发展。由此，城市社区环境治理议题已成为创新城市环境治理和社会治理双重实践中一个亟待关注的重要社会问题。

本文的社区环境主要指带有公共属性的生态环境。社区环境治理则是指以社区为基础，依托政府组织、民营组织、社会组织、居民自治组织以及个人等各种网络体系，应对涉及居民日常生活的环境问题，共同完成和实现诸如生活垃圾分类、环境综合治理、河道整治、绿化保护、绿色空间营造，以及能源节约和环境教育等在内的社区环境保护相关公共事务的服务和管理。

当前国内围绕城市社区环境治理的研究主要涉及四个方面。一是社区环境问题的主要类型及形成机制，认为社区环境问题集中表现在环境污染和资源供需失衡两方面（刘小流、陈玉生，2008），具体可以分为生产型、生活型以及生产与生活混合型，政府、企业、公众等行动者及其环境行为的博弈互动，推动着社区环境问题的产生、演变和处理（王芳，2006）。二是社区环境治理的现实困境分析，认为社区碎片化、治理资源匮乏、不确定性事件的发生（黄珺、孙其昂，2016），以及不同主体的利益偏向（栗明，2017），是当前城市社区环境治理面临的主要困境。三是社区合作开展环境治理机制的探讨，认为应根据中国具体国情建立以政府组织、社区党组织（或居委会）为主导的社区治理结构（张振洋、王哲，2017），搭建多元主体与社区对接的平台与合作网络，以实现社区、非营利组织、政府之间在环境治理中的资源和决策信息共享（汤好洁，2014）。四是社区环境治理衍生的社会效应，基于社区环境治理实践所带来的不仅是社区的物理环境变化，还促进了市民社会的成长和社区的公共空间重构（伯兰德、朱健刚，2007）。

尽管社区基础上的环境治理理论与实践研究正在日益成为环境治理创新发展的一个独特且重要的研究领域，但从取得的研究成果来看，已有研究大都是对城市社区环境问题成因、治理困境、治理主体等方面的单向研究，无论是多样化社区情境下社区参与和社区合作开展环境治理案例的实证分析，还是适合中国国情的城市社区环境治理模式的理论研究都有待进一步深入。基于此，本文在吸收和借鉴既有社区环境治理研究成果的基础上，结合社区环境治理创新实践具体案例的深入阐释和分析，力图为突破城市社区环境治理困境提供可参考的解决方案。

二 既有城市社区环境治理的三种类型

自世界银行提出"治理危机"以来，治理理论在学界逐渐兴起并广为传播，推动了环境治理的现代化进程。治理既涉及公共机构，也与私人有关，其本质是基于公共利益、市场原则和社会认同的互动合作（俞可平，2000）。对于我国社区的环境治理工作而言，其起步相对较晚，若从1991年民政部提出"社区建设"算起，经历了建设、管理、治理多个阶段。社区环境治理意味着政府对传统的管理理念和手段的革新，无论是以环境治理为抓手来最终实现政府的社会管控目标，还是切实以生态社区微空间的营造为导向，充分发挥市场、社会组织、居民个体等多元力量的参与作用，对于实现有效治理的意义都很大。综观既有的治理实践，尽管不同地域、不同社区类型，其实践路径可能存在差异，但在这些不同的实践路径背后，隐含着一些类型化的主导因素以及相似的社会机理。整体而言，当前社区环境治理主要存在三种具有理论意义的治理类型。

一是行政化治理。所谓行政化治理，意指在党和政府直接领导下，依靠行政力量推动社区环境治理。由此形成的是自上而下的管控路径，政府及其治理代理人凭借其掌握的行政资源和个人魅力，通过行政命令、行政动员等强制措施主导社区环境治理实践（夏建中，2017）。该路径具有动员能力强、办事效率高的制度优势，且在一定程度上能够克服"集体行动的困境"，和避免"公地悲剧"在社区的上演。不过，行政化治理由于不可避免地过于依赖有想法、有魄力的地方政府领导者，以及实践中过于强调政府的主导性，忽视了基层社会的自主性和其他主体参与的重要性，致使社区活力不足、公共性弥散、自治力量薄弱，因而容易产生"政府失灵"的现象。

二是市场化治理。市场化治理主要指依靠房地产企业、物业公司、环保公司等市场力量提供小区环境建设和维护的公共服务。住房商品化制度改革以来，随着新型商品房小区的大量涌现，市场作为一支重要力量参与到社区环境治理当中，有时甚至在实践中起主导作用。与政府相比，市场在社区环境治理的资源配置方面具有一定优势。然而，市场化治理的有效开展大多依靠有社会责任感、有理想抱负的企业家，这是极为重要的一个前提，因为受逐利逻辑的驱使，企业是不愿意大力投入社区环境建设的。同时，在一些社区特别是老旧社区，由于居民自身不愿意提供物业费，在基层政府难以组织集体消费购买物业服务的情况下，社区的公共环境卫生也会陷入无人管理的真空状态（李强、葛天任、肖林，2015）。故市场化治理同样存在失灵的风险。

三是参与式治理。参与式治理概念是为应对日益严重的参与危机于 20 世纪 90 年代提出的，主要是指为了提供公共物品或达成某项公共决策，由公民个人、团体和政府共同参与，最终在政府主导下由政府做出决策、分配资源并承担责任的一种治理方式（俞海山，2017）。社区环境参与式治理是参与式治理的一种表现形式，也是实现社区环境自治的内在要求。以社区参与为基础的参与式治理，有利于提高居民的共同体意识，提升社区的环境自治水平。不过，由于体制性限制、资源动员能力不足以及社会支撑条件缺乏等原因，社区环境参与式治理在实践中面临着多种困境和挑战。因而，在社区环境参与式治理的诸多实践中，政府依然是不可或缺的中心，其他参与主体依然处于边缘地位，参与式治理的核心价值并未充分显现出来。

上述三种类型，在具体实践中侧重点不同，各有利弊，在一定程度上推动了城市社区的环境治理工作。不过，总体来讲，它们存在一些共性上的不足，如主体力量的单一性、缺乏共治性，难以实现善治的效果。当然，在基层社区治理备受学界关注的背景下，有社区环境治理研究的学者从党组织领导（张振洋、王哲，2017）和空间正义（舒晓虎，2017）的角度探讨了社区环境治理中的共治问题。前者是基于社区党组织和居委会的主导力量而形成的一种合作治理网络，实质上仍未跳脱自上而下的行政化治理框架；后者则是以公共权力的主体归位为支点，以此形成多方参与的合作治理，而这与参与式治理的行动逻辑是一脉相承的。合作共治作为实现社区环境善治的一种重要路径，应该是在社区认同、市场原则和公共利益基础上实现合作，并以合作网络的权威而非政府的权威增进公共福祉（俞可平，2000）。大量的社区环境治理实践也表明，由于忽视了多元主体的共同参与，因而难以达到共治的效果。

本文即将展现的社区环境治理的成功案例，不同于上述三种治理类型。它是以社区少数居民自发成立环境保护行动小组，以在社区开展环境自治行动为逻辑起点，随着以社区参与为基础的环保实践活动的常态化开展，社区外来的行动主体不断参与进来，并经过往复的实践互动，最终共同推动了社区环境善治的实现。本文将其概括为"自治式共治"。

三 M 社区环境治理实践：自治式共治的典型案例

（一）自治式共治：一个经验性的分析框架

具有不同背景的社会行动者，本来或许并不相识，但如果有一个互动的空间和平台，他们就能够从陌生走向熟悉，进而取得相互信任，最终达成共识、实现集体行动。多主体共治在一定程度上能够克服环境治理的失灵现象，但作为规范性的共治概念，在实践中遭遇了许多挑战。比如，由于环境资源的公共性，在缺乏有效的联结机制和监督机制的情况下，多方合作易流于形式，很难真正形成治理合力。这就要求创新社区环境治理的分析框架和实践路径，以适应转型期城市基层社会发展的要求。

社区是居民的社区，居民才是社区环境治理与改善的最重要变量。为了凸显其重要性，在经验研究的基础上，本文尝试以"自治式共治"为分析框架，来探讨社区环境善治问题。自治式共治是指以社区公共议题为出发点，借助居民自发成立的自组织的载体力量，政府、企业、社区组织、其他非营利组织和居民自组织等多方合作形成合力，供给社区公共产品，推动社区共同体重构的过程。其中，以居民为主体、自组织为载体的自治，在共治中起基础性作用；而以政府为引导、多方参与的共治，有助于弥补居民自治的不足。这与上述三种治理类型相比，其不同之处主要在于：一是制度结构的复合性，既有条例、章程等正式规制，还有居民公约、议事会等非正式制度；二是主体行动的双向性，在强化基层社会自主性基础上，促进居民自发参与与主导者推动下的多方参与互动相结合；三是推进策略的多维性，包括命令动员、重塑意识形态、环保奖励等行动策略，而非单纯"发送—回应模式"。

基于主体力量的三要来源，在"自治式共治"的分析框架中，本文将社区环境治理的主体力量分为以居民为代表的社区自有力量和以政府、企业和其他社会组织为代表的外来力量，它同时包含居民自治、社会参与、企业履责和政府嵌入四个核心要素。该分析框架的建构还受益于斯特克参与式治理模型（CLEAR 模型①）的启发（斯托克、游祥斌，2006），即为应对社区公共事务治理的挑战，应通过对话制度和网络互动将弥散的组织资源结合起来，并通过制度的构建与调适，使民主、法治、责任在社区治理中充分展现。考虑到 CLEAR 模型主要是从西方社会结构和管理模式的角度出发的，缺少实证研究支撑。为此，在借鉴该模型的基础上，本文分析框架的建构还考虑了新时代城市社区的管理体制、治理理念、发展方向，以及具体实践的基层经验（见表1）。

表 1　社区环境自治式共治的分析框架

相关主体	影响因素	优势资源	依赖条件	达成目标
居民	自主治理	社区资源	自治组织、公民精神、社区认同	开展自治行动：自愿做
社会组织	参与治理	组织资源	参与机制、参与能力	增强参与能力：能够做
企业	企业履责	技术、设备	利益相关、社会责任感、企业精英推动	共容利益最大化：被邀请做
政府	嵌入引导	财力、政策	向社会放权、赋权；制度化、组织化建设	提高治理效能：使能够做、作为回应去做

一是居民自治。居民自治是指以改善社区环境为出发点，居民通过一定的组织形式、借助一定的制度载体共同参与社区环境治理行动。居民自治意味着居民之于社区环境，从不关心转向关心，从不行动走向了自发、有组织的行动，而这均以居民的社区认同为基础。二是社会参与。此处的社会是从狭义上来理解的，主要指社区以外的环保民间组织、民办非企业单位等社会力量。它们作为社会自组织，具有组织动

————————

①　根据 CLEAR 模型，影响人们参与地方公共生活的因素主要包括能够做（can do）、自愿做（like to do）、使能够做（enabled to do），被邀请做（ask to do）及作为回应去做（responded to do）五个方面。

员、公益服务、合作协助等功能。其借助于丰富而新颖的活动项目，既能激发居民的参与热情，又能将社区单位联结起来，为解决社区环境问题实现集体行动。三是企业履责。企业在追求自身经济利益的同时，还应考虑社会整体利益，积极履行维护生态文明的社会责任，实现企业与政府、社区的利益共荣。四是政府嵌入。政府嵌入就是要把政府的丰富资源、特定机制和有效策略嵌入社区环境治理的实践中，从而对社区环境治理的走向产生有效干预和引导。

（二）M 社区基本概况

M 社区位于上海市徐汇区凌云街道，1991 年成立居委会，管辖 3 个自然小区，共 2390 余户、6500 多个居民。社区党总支下设 6 个支部，236 名在册党员，其中绝大多数为退休老党员。过去，M 社区在空间上呈现鲜明的特征：其一，作为一个典型的 "90 初" 老旧社区，M 社区老年人口多、建筑物老旧、公共基础设施旧而不全；其二，M 社区是一个较为开放的 "陌生人" 社会，成员结构极其复杂，异质性较强，既有大量拆迁户，又有许多外来流动人口；其三，M 社区经历过两次动迁，环境基础较差，社区资源相对匮乏。M 社区因环境卫生脏乱差，是当地有名的 "垃圾社区"，许多年轻人因此往外搬迁。后来，在多方共同努力下，M 社区人居环境逐渐改善，并获得了多项全国和上海市的荣誉，成了生态社区的典范。

（三）M 社区的环境治理实践

1. 成立居民环保自治组织

2010 年，上海举办了第 41 届世博会，这对于 M 社区而言，意味着社区环境治理工作的正式开启。M 社区开展 "清洁家园" 行动，不仅仅是因为要迎接会议，更在于由 856 个利乐包制作而成的一把世博会环保椅，激发了社区家庭主妇 "变废为宝"、循环利用的想法。刚开始，她们只是想把社区内废弃的利乐包、易拉罐等物品回收起来，通过手工加工将回收的废旧物品制作成长椅、圆桌、购物袋等日常用品。后在环保人士的建议和指导下，社区 10 名家庭主妇自发成立了"绿主妇，我当家"环保行动小组，开始以"组织"的名义在社区开展生活垃圾分拣工作以及对绿化带、休闲场地等公共环境的维护。

为了实现"社区更新"，在行动小组的带动下，社区其他居民不断参与进来，行动小组规模扩大了，其活动范围也渗透到了社区其他公共事务（如物业进驻选用、小区业委会选举等）。即便如此，此时行动小组的活动空间、行动能力极其有限。主要原因是其没有自己的法人和独立账户，不能承接社会公共服务，组织缺乏运转资金。为此，M 社区到当地民政局注册成立了民办非企业单位——L，环保行动小组由此获得了合法性身份，并承接到了"生态社区建设"、S 基金会"创绿家"等服务项目。这为其行动能力的改善及健康运行提供了资金和技术支持。转型为民间环保组织后，L 获得了更大的发展空间，以"一平方米菜园""厨余堆肥"为代表的生态社区营造活动在社区全面展开。这些环保活动唤醒了社区环保共识，参与社区活动的居民越来越多，为社区环境治理工作的深入推进奠定了群众基础。

2. 组建社区环保志愿队伍

自社区环保自治组织成立后，M 社区相当于有了环境治理的抓手，但要充分发挥其应有的功能，还需要自治组织的发展和壮大，正所谓"一个篱笆三个桩，一个好汉三个帮"。为此，M 社区从人力着手，组建了一支年龄结构与知识结构合理的环保志愿队伍，充实了组织的人力资源。M 社区在吸纳退休老党员、老干部之时，积极发动楼组长、社区工作者参与，并邀请在校学生等志愿者的加盟，结合他们的实际情况，组织他们参与环保活动的策划与开展、网络平台的建设与维护等环保行动。比如 M 社区开展的垃圾减量活动，志愿者协助绿主妇将生活废旧物品分类称重、回收，并把物品换算成相应的积分，居民凭借积分数可换取相应的奖品。近 5 年来，M 社区仅回收的食品塑料外包装、软包装和废旧衣物就超过 300 余吨。在社区环境综合改造中，为规范处置建筑垃圾、减少施工时对公地环境的损坏，志愿者们组成了"红帽子巡逻队"，把发现的问题及时反馈给社区和施工单位。无论是社区活动还是环境综合整治，志愿者都在场。M 社区的环保志愿者人数累计达千余名，她们的积极融入，不仅避免了治理主体的单一性，也激发了居民参与的积极性。

3. 营造社区微观生态文化

社区有无生态文化氛围及其是否浓厚，会影响到环境治理的成效。M 社区在绿化家园的实践中，非常注重微观生态文化的营造。一是以"党建＋"形塑社区生态文化理念。所谓"党建＋"就是将社区环境保护与治理纳入基层党建工作，通过党组织促进生态社区的"共建、共治、共享"。M 社区前后与 25 家单位（包括企业、学校等）开展了党建联建活动。比如与 Y 公司党总支开展了以"绿色产业发展"和"生态社区营造"为主题的社区活动，这不仅加强了基层党组织间的日常交流，而且在活动中展现出来的"低碳、绿色、环保、高效"的文化理念增进了企业、社会组织、居民对生态社区建设的了解和认同。

二是以社区学校为基地，向居民传播生态文化知识。通过向居民宣传低碳环保的制度理念以及生态社区营造的科普知识，将生态社区思想渗透到居民衣、食、住、用、行等日常社会生活中。利用学校资源，M 社区还邀请高校学者、环保专家等到社区讲课，既向居民普及"家文化"，让他们了解本社区的由来与发展，提高居民的归属感，也向居民传播环保知识，使之知晓美好社区环境的建设，不只是居委会、物业的事情，也是每个社区人的事情。

三是强化社区环境意识和参与意识。M 社区以丰富的环保活动，如"环保回收卡"宣传申领活动、"垃圾去哪了"知识竞答活动、"物物交换"活动等，不仅让居民知道垃圾从哪里来，还让其明白垃圾将要到哪里去。居民的环境意识和参与意识在实践中得以培育。现在，每个月最后一个星期五是 M 社区的垃圾定点回收日和"零废弃积分卡"兑换活动日，累计领取垃圾减量积分卡的居民已超过 1600 户。"垃圾分类投放""有机种植"渐渐变成了社区居民的一种生活习惯。正如居民所说，"心灵垃圾清除了，环境垃圾自然减量了"。

4. 合作开展社区生态环保项目

M 社区在探索环境治理的道路上，不仅重视"内修"——挖掘社区内在资源，增强社区公共意识，还十分注重"外化"，积极拓展同外界在社区环保项目方面的合作，以此增加社区社会资本，提高社区环境治理能力。一是与政府部门合作。结合上海市政府出台的《上海市城市更新实施办法》，M 社区大力推进以生态社区营造为目的的社区空间微更新，并得到了政府的支持。社区以当地政府试点"生态家"项目为契机，积极开展同街道、市区的合作，开发了垃圾减量回收、低碳居家生活场景营造、"1 户＋1 校＋1 区"社区生态项目，使有机生态社区从理念走向了实践。二是与环保企业合作。为解决厨余垃圾问题，M 社区与上海 PY 公司合作，公司在 M 社区设立"厨育品"工作站，并将收集起来的厨余加工处理成为农场基地需要的生物有机肥，农场基地也会将部分农产品定向平价供给参与厨余回收的居民。这不仅打通了"厨余循环链"，也培育了居民绿色的生活方式。2017 年，M 社区还与有专业技术和资源回收资质的 MB 公司合作，创新开展了"S 市再生资源回收与生活垃圾清运体系"的"两网协同"项目，构建了技术生态链与自下而上的供求体系。三是与环保社会组织合作。通过与环保组织（如北京地球村、上海绿梧桐等）合作，在提升自身环境治理能力的同时，起到了平衡多重主体关系的作用。充分发挥社区、社会组织和社会工作者（三社）建设生态社区的合力，是 M 社区成为全国"美好社区计划创新实践基地"的重要原因。此外，M 社区还同上海部分高校进行交流合作，以实现"社校"之间的资源共享、优势互补。

到目前为止，M 社区先后申请到了各类项目 20 多项，受助资金超过 100 余万元。社区环境治理的项目化运作，使居委会得以从烦琐的事务性工作中"松绑"，有利于他们深入到群众生活中去，加强同居民的互动。正如 S 书记所说："自治组织成立以来，我们可以以社会组织的名义同政府、企业及其他组织打交道，进行合作往来。这是 L 得以发展的关键，也使我们与居民有了更多的交流机会，由此增进了彼此间的感情。"

四 自治式共治：城市社区环境善治的实现路径

M 社区从一个老旧的"垃圾社区"，如今迈向了"生态示范社区"，很大程度上归因于其在环境治理实践中形成的共治微体系。面临社区环境治理的多维困境，自治式共治跳脱传统政府、市场、社会之间不平衡、不协调的力量博弈关系，从居民自发成立的自治组织着手并以其为基础，挖掘、拓展、整合社区内外资源，最终形成了社区环境治理的合力（见图 1）。

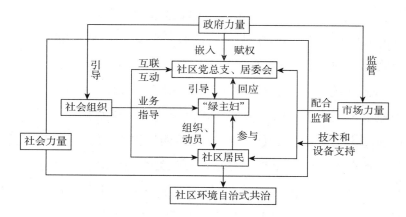

图 1　自治式共治的主体关系架构

（一）居民自治：社区环境善治的基础

善治是实现公共利益最大化的治理活动和治理过程，突出强调民众力量的参与，尤其"最脆弱的群体在决策中占主导地位是善治的基石"（曼德、阿斯夫，2007）。居民群众作为在社区居住生活的"当事人"，对社区环境问题有最直接的感受，对生态宜居社区有最强烈的诉求，是推动社区环境改善的原动力。这种原动力根植于居民的内心，而非外界的强制，具有自觉性、持久性。因而治理社区环境，应以社区为基础、以居民为中心。通过培育社区自有力量，使之从无行动、被动行动转向有组织的自治行动，以充分发挥居民的主体性作用，是社区环境善治得以实现的内在基础。

M 社区从居民自治组织着手，并以此作为社区环境治理推进的载体，是其环境治理实践步入"正轨"并走向成功的重要支点。访谈发现，由几位家庭主妇自发形成的行动小组在运行初期，其对于社区其他居民而言，仅意味着一个打发时间的兴趣小组；对于居委会而言，也只是一个"小打小闹"的松散团队。不过待其转型之后，随着自身结构体系的完善和实践行动的规范化、制度化，L 的社会功能日趋显现。M 社区由此实现了"两条腿"走路，即其既是居民自治组织，又有属于自己的 ENGO。居委会与绿主妇的结合正是 M 社区环境自治的特色所在。正如 CH 主任所说："我们的特色就是利用自己的 ENGO 做项目，利用社区骨干动员群众，让更多的居民参与进来，在现实的活动中加深了解、增进认同。"M 社区依靠多样的生态项目及常态化的实践活动，结合居民喜闻乐见的形式唤醒了社区活力。随着社区实践活动的生态化、生活化和常态化，居民在生产与再生产的过程中体验到了集体行动的乐趣，慢慢形成了生态环保的理念。

从 M 社区居民自治的实践逻辑，并结合城市社区的现实情境来看，社区环境居民自治的实现需要具备一定的条件，如居民较强的社区意识、健全和完善的社区组织、组织化的参与实践等。因此，首先，要提升居民的社区认同感。居民是推动社区环境善治的基础力量，不过，他们更多的是一种潜在的治理力量，只有在社区认同的前提下，才能将其转化为现实需要的力量，进而在治理实践中实现自我选择、自我决策，并承担相应的责任。正如有学者指出的，通过增强归属感来扩大传统"家"的范围，在日常生活实践中提高居民的社区认同感，是解决环境问题的一种有效方法（王泗通，2016）。

其次，培育内生型居民自治（徐勇、贺磊，2014），即着眼于居民的原初动力和内在需求，在社区层面内组建类似 L 之类的更小规模的居民自治组织，从而让有组织的居民行为成为集体行动的基本方式，以应对社会流动、社区功能退化带来的环境治理难题。普遍而言，当前的社区环保工作中居民参与不足，其重要原因就是居民缺乏表达的通道、参与的组织。对根植于社区空间的自治组织进行培育，使其不断完善和成熟，是实现居民"再组织化"的重要方式和推动力。以社区环境改善受益者——居民的积极参与而非单纯依靠政府投入和行政化治理，彰显了居民"自我管理、自我服务"的自主性价值，有组织地实践活动的持续开展，还能增强居民的公共意识，提升居民的自治能力。

最后，社区环境居民自治的催生和有效运转，还依赖于居民的自律性。自律内在于自治之中，是居民在社区认同基础上对自我行为的一种约束。这种行为约束不仅体现在具体的生产实践中，还体现在居民自身的日常生活与消费方面。为了营造美好的绿色家园，居民应从小事做起、从个人做起、从小家做起，主动养成节约、环保的生活方式，形成"自我"与"自然"并重的绿色消费观。这有利于从源头上使私人利益的满足感向公共利益的共同获得感转变，增强社区的环境共同体意识和共同利益联结。

（二）"社会参与"：社区环境善治的动力

"社会参与"在此处是狭义上的理解，特指社区之外的社会力量参与社区环境治理。M 社区人居环境能有质的改变，与不同的社会主体参与是分不开的。以其创建成功的"绿色示范社区"为例，"创绿"工作开展初期，主要是依靠 L 的力量在推动，社区参与不足，不仅进程缓慢，效果也不理想，脏乱差现象时常反弹。后来，M 社区联合 B 环境教育中心、S 人类生态科技发展中心等环保社会组织，先是就"绿色社区"的评价标准以及"创绿"的社区意义在社区进行了广泛宣讲，继而通过组织引导、社会工作者示范及环保参与行动奖励等柔性策略，获得了居民的情感认同，激发了社区参与的积极性。环保社会组织的参与，还体现在对生态社区营造的实践指导。比如上海长三角人类生态科技发展中心 T 主任长期深入 M 社区，指导居民"垃圾分类""厨余变宝"的方法，推动了社区生活垃圾的资源化和减量化。

社会主体作为社区环境治理的一股重要推动力，其参与治理的功能主要体现在两方面。一方面是组织动员。社会组织在这方面具有一定优势，他们在动员业委会成员、楼组长等社区骨干时，将居民私益、社区公益和社区骨干特性有机结合在一起，易于先使这类群体形成共治的意识，进而以他们为基础不断拓展。另一方面是丰富社区资源。外来社会组织作为一种"增量型"的治理力量，借助社会组织的物质资源、社会志愿者的人力资源等，既能丰富社区资源，为美化环境添动力，还能提升社区社会资本，实现社会再生产。因而，在推进社区环境共治中，应充分发挥外来社会主体的力量。大量的社区环境治理实践也表明，由于忽视了社会力量，以致无法真正达到共治的效果。社区环境善治的实现呼唤社会主体的协同参与。

其一，探索环保社会组织、环保社会志愿者、社区互动合作的实践机制，推进社区与社会组织联动治理。ENGO 在政府的大力培育和扶植的基础上，其自治能力和参与能力逐渐提高，建立并完善社区同社会组织的合作机制，有利于它们在社区环境治理中深入、高效、创新地进行合作。为此，一方面要强化独立、民主、平等的合作理念，另一方面要明晰各自的权力、责任和义务，以形成相互促进、资源共享的合作氛围。而目前的"三社联动"作为基层治理的一种创新实践，通过社会组织、社会工作者与社区的联动，盘活了社会力量，整合了跨界资源，是推进社区环境治理、打造生态宜居社区的一种路向。其二，与高校建立合作关系，获取高校智库的支持。在社区环境合作共治中，社会组织的参与更多地体现为组织资源支持、骨干动员以及具体业务指导，而作为社会的另一种力量来源，高校则主要从理论与实践互动的维度介入社区环境治理。高校参与不只是进社区开讲座、普及生态知识，还给社区环境建设与治理注入人文内涵，为生态社区营造提供学术养分。借助高校智库资源，打通思想理念与治理实践的渠道，使社区环境治理的有关理念、制度和方法的制定有章可循，进而从"以直觉为准""拍脑袋决定"的感性思维转向理性的分析和量化的标准衡量。

（三）企业履责：社区环境善治的协力

奥尔森认为，当利益集团认为自身利益同整个社会繁荣关系不大，并存在以损害社会共同利益来实现自身利益的企图时，便是在追求狭隘利益；而当集团认为自身利益与社会繁荣息息相关时，其在寻求自身利益和社会收入再分配时，不仅会比较节制，还会采取促进社会发展的行动，这是共容利益的价值取向（奥尔森，2005）。借鉴这两个概念来分析企业与社区环境治理之关系：若企业与社区有着共容利益，这会诱使企业关心并参与社区环境治理；当其与社区缺乏共容利益或只有极少的共容利益时，企业从中能够获得的仅仅为产出量的微量部分，在狭隘利益驱使下，企业最终会失去增加社会产出的兴趣，做出不利于公共利益的行动。

自住房商品化制度改革以来，市场便走向了社区治理的舞台，尤其是新建的大规模小区，由于入住率不高，当区域内组织体系不健全时，开发商和物业就承担了社区环境卫生工作。作为市场主体的企业，无论是现场参与社区环境治理实践活动的单位，比如物业公司、环保企业等，还是未在现场直接参与，却与社区环境质量密切相关的周边企业，从整体和长远的角度来看，都与社区的合作互动，不仅对社区有利，而且对于企业自身来说都是有利的。企业作为社区环境治理微体系中的重要一环，为了共同利益的实现，企业应从狭隘利益最大化转向共容利益最大化的追求，即既要企业的经济利益，也要维护社会的环境利益，为社区环境善治的实现"助攻"和"增能"。

一是在社会生产经营中，企业应遵守保护环境的政策法规，自觉减少污染物和废弃物的排放，对已形成的社区环境污染加以整治并承担相应责任。特别是社区周围的企业，比如餐馆，它既为居民消费提供了便利，也因逆环境的不当行为，从而增加了社区环境污染和冲突的风险。它们如能做到绿色生产、规范经营，也是对社区环保工作的有力支持。二是在参与治理实践中，企业应利用自身的技术、设备优势，协助社区突破治理困境。比如，为解决生活垃圾处置问题，探索"厨余垃圾内循环"的实践方法，M 社区与多家环保公司展开了合作。公司协助小区修建了垃圾库房，安装了垃圾粉碎机，如今居民只需将分好类的垃圾投放到专用垃圾桶即可，后续工作交由环保公司负责。为此，M 社区厨余垃圾体积减小了 60%、重量减少了 30%。

当然，企业环保责任的履行，还依赖于相关行动者的共同行动。政府要制定和完善相关的规章制度，对破坏和污染社区环境的行为进行处罚，使其逆环境行为得不偿失；对关心周围社区环境质量，履行参与社区环境治理义务的企业进行奖励（如评选环境保护先进单位），以激发其后续的生态环保行为。此外，加强社会监督。企业参与社区环境治理，从某种意义上说，更多的是在履行义务，但此义务的履行还必须依靠社会公众的监督才能得以保证。居民作为社区环境资源的消费者及环境污染的直接受害者，在约束自身的社会行为时，还要对破坏社区环境的行为予以揭露和检举。总之，企业在追求自身经济利益的同时，还要考虑社会的整体利益，自觉承担维护环境正义的社会责任，这样才能最终实现共治共享的利益格局。

（四）政府嵌入：社区环境善治的保障

从亚里士多德对人们不愿关心公共事务的论述、哈丁的"公地悲剧"，到奥尔森的"集体行动的逻辑"，都是关于公共事务治理悲剧的有力诠释。其共同之处，就是个体理性导致了集体的非理性。社区环境作为一种公共资源，具有极强的非排他性，无论是社区居民自主治理，还是社区与社会组织、企业的合作共治，没有政府力量的渗入和保障，很难取得良好的治理效果。生态社区建设目标的实现呼唤多主体多力量共同参与，从政府角度来说，需要从以往"行政化治理"转向"嵌入治理"。

第一，理念嵌入。理念嵌入是政府将宏观层面的治理理念嵌入社区环境治理实践。在当前基层社会治理体系中，政府依然扮演重要的角色，其方针政策和治理理念势必影响社区环境治理的进展和效果，而过去城市社区所涌现的多种治理模式正是政府治理理念的一种反映。在创新社会治理背景下，上海市政府出台了一些关于"生态之城"建设的文件，突出增量开发与存量挖掘并重的理路，强调要把生态社区营造作为一个"生态小城"来建设。M 社区所在的街道和区政府因此极力倡导居民自主的治理理念，鼓励外在力量的积极参与，这给 M 社区带来了一定的自治空间，为居民自治的实现提供了基础。在 M 社区环境整治过程中，街道强调要在社区信息公开的前提下，加强民主协商和社区参与能力的培养，并指导社区与施工和监管单位签订了"住宅修缮党建联建协议"，保障了环境整治项目的顺利完成。

第二，组织嵌入。组织嵌入是指政府将组织关系或组织机构嵌入社区环境治理结构。政府组织嵌入既有实现某种政治功能的考虑，也有一定的社会服务功能。政府在 M 社区环境治理中体现的组织嵌入，更多的是为生态社区营造服务。一是在街道的指导与支持下，M 社区成立了自己的 ENGO。这是政府向社区赋权、增能的一种方式，M 社区由此迈向了组织化的自治之路，逐渐形成了合作共治的局面。在 ENGO 的带动下，社区环保活动参与规模日渐增大，尽管首次参与的居民仅 42户，但第三次就超过了 100 户。二是 M 社区所在街道成立了社区社会组织联合会，联合会由街道社区党办、社区自治办及社会组织服务中心共同管理。这一方面加强了政府对社区"内生型 NGO"的监管，另一方面为组织之间的交流互动、资源共享提供了服务平台。

第三，资源嵌入。资源是治理的基础，社区资源短缺阻滞了社区环境治理的推进。资源嵌入则是把政府自身掌握的财政资源、政策资源以及通过政府力量引入的其他社会资源嵌入基层社区，以丰富社区资源、提高治理效能。一是资金支持。仅 2012～2014 年，市、区有关部门和街道就向 M 社区投入资金 400 多万元，用于生态社区软硬件设施建设，如"节能路灯改造""家庭一平方米小菜园"课程建设。二是项目扶持。街道在 M 社区进行了"生态家"项目试点，促进了社区环境治理的项目化；为推进城市精细化管理，S 市政府开展了"两网协同"资源分类回收项目，并将 M 社区列为示范基地之一。此外，政府的资源嵌入还体现在对社区的宣传上，通过宣传让社区经验被外界所认知和接纳。由于政府对 M 社区家庭主妇环保意识和行动能力的有效宣传，其已被纳入联合国教科文组织用于推广的生态治理案例。

五　小结和讨论

受现代化进程和市场化机制的影响，城市社区环境问题已成为社区建设与城市发展的突出短板。如何将社区自有力量和社区外来力量充分整合成治理合力，是推动实现社区环境善治的关键。本文基于 S 市 M 社区环境治理实践经验的分析，构建了一个符合城市基层社会情境的"自治式共治"的分析框架。在这一框架中，以居民自发成立的环保行动小组（后来转型为 ENGO）开启了 M 社区环境治理的实践进程，并在激发社区参与、促进社区共治中起着基础性作用；政府嵌入、企业履责、社会参与的合作共治，有助于弥补居民自治的不足，共同推动社区环境善治的实现。这一路径充分激活了社区的原动力，凸显了居民的主体性，整合了政府、企业及社会组织的优势资源和治理力量，从中显现了"强国家、强社会、强公民"实践互动的微场景，对创新城市环境治理和社会治理双重实践具有导向意义。

当前的社区环境治理实践，主要有行政化治理、市场化治理以及参与式治理等类型，然而，这些治理类型基本忽略或脱离了居民这一基础变量（主体），未能充分发挥他们在社区环境治理中的主体性和自主性。为营造宜居的生态社区，许多社区尽管投入了大量的人、财、物，但效果不理想，不仅加重了居委会工作负担，还可能激化原本陌生而又紧张的社区关系。自治式共治以社区为基础，注重培育居民的社区意识和自治能力，充分挖掘、整合社区内外资源，共同应对社区环境问题，因而能够较好地缓解上述问题。

当然，城市社区环境自治式共治的实现，其实施条件和普适性是需要考察的，该治理路径也并非适合所有的社区类型。为此，有学者持悲观态度，认为我国社区社会资本不充裕、民间自发性弱、无私且有能力的基层治理代理人缺乏，故基层社会的自治和共治难以实现。不过，通过对社区环境治理成功案例的系统考察，我们发现，即便社区资源不足、民间力量薄弱，自治式共治依然能够实现。问题的关键在于社区的治理结构，以及从不同的社区背景出发去选择推进社区环境治理的行动策略。因此，对于具体实践来说，如何通过组织培育、制度设计和项目化运作，尤其是加强以"共同体"为价值导向的生态社区自治与共治建设，激发社区能量，整合外界力量是自治式共治需要重点解决的问题。

【参考文献】

阿兰纳·伯兰德、朱健刚，2007，《公众参与与社区公共空间的生产——对绿色社区建设的个案研究》，《社会学研究》第 4 期。

格里·斯托克、游祥斌，2006，《新地方主义、参与及网络化社区治理》，《国家行政学院学报》第 3 期。

哈斯·曼德、穆罕默德·阿斯夫，2007，《善治：以民众为中心的治理》，国际行动援助中国办公室编译，知识产权出版社。

黄珺、孙其昂，2016，《城市老旧小区治理的三重困境——以南京市 J 小区环境整治行动为例》，《武汉理工大学学报》（社会科学版）第 1 期。

李强、葛天任、肖林，2015，《社区治理中的集体消费——以特大城市的三个基层社区为例》，《江淮论坛》第 4 期。

栗明，2017，《社区环境治理多元主体的利益共容与权力架构》，《理论与改革》第 3 期。

刘小流、陈玉生，2008，《环境社会学视野下的城市社区生态和谐》，《兰州学刊》第 2 期。

曼瑟尔·奥尔森，2005，《权力与繁荣》，苏长和译，上海世纪出版集团。

舒晓虎，2017，《社区公地及其治理》，《社会主义研究》第 1 期。

汤好洁，2014，《地方政府环境治理社区合作模式的中外比较分析》，《中南林业科技大学学报》（社会科学版）第 1 期。

王芳，2006，《行动者及其环境行为博弈：城市环境问题形成机制的探讨》，《上海大学学报》（社会科学版）第 6 期。

王泗通，2016，《"熟人社会"前提的社区居民环境行为》，《重庆社会科学》第 4 期。

夏建中，2017，《基于治理理论的超大城市社区治理的认识及建议》，《北京工业大学学报》（社会科学版）第 1 期。

徐勇、贺磊，2014，《培育自治：居民自治有效实现形式探索》，《东南学术》第 5 期。

俞海山，2017，《从参与治理到合作治理：我国环境治理模式的转型》，《江汉论坛》第 4 期。

俞可平，2000，《治理与善治》，社会科学文献出版社。

张振洋、王哲，2017，《有领导的合作治理：中国特色的社区合作治理及其转型——以上海市 G 社区环境综合整治工作为例》，《社会主义研究》第 1 期。

中国第三部门研究　第 16 卷
第 24~54 页
© SSAP，2018

"枢纽型"社会组织目标错位的实践逻辑及内在机制

——基于广东省 T 社团的实证研究[*]

胡辉华　黄巡晋^{**}

摘　要："枢纽型"社会组织相较于其他社会组织具有较强的合法性和经济资源，但实际运转反而表现出对政府的过度依赖，这一有悖于现有理论的情况值得深思。为重构这一事实，本文以工作年历为视角，在对 T 社团个案考察的基础上描述"枢纽型"社会组织依附政府的特殊策略与实践逻辑。研究发现："枢纽型"社会组织由于内部运转失败的风险、政府资助的"外溢效应"及目标的多重性而选择目标错位的策略。进一步研究发现组织目标错位的实践逻辑：分管职能部门领

---

　　* 基金项目：国家哲学社会科学基金项目"行业协会成长的内在机制研究"（11GBL105）、暨南大学"挑战杯"学生课外学术科技创新创业竞赛项目"层级分化：中国社会组织行政层级与活跃度的关系研究"（18111016）。

　　** 胡辉华，暨南大学公共管理/应急管理学院教授，北京大学哲学博士，主要从事社会组织与社会治理、行业协会发展方面的研究，E-mail：thuhh@ jnu. edu. cn；黄巡晋，暨南大学公共管理/应急管理学院硕士研究生，主要从事社会组织与社会治理、社会组织目标偏离方面的研究，E-mail：15802017188@ 163. com。感谢暨南大学公共管理/应急管理学院杨君副教授的建设性意见。

导的地位决定了部门事务的先后顺序和资源分配多寡，影响到部门目标的实现，进而将目标错位的安排落到实处；与此同时，通过会员大会中官员列席、讲话，传递运转困难的信号和颁奖仪式的方式为社团目标错位寻求政治和社会合法性，从而使其目标错位披上合法化外衣。这种策略在短期内会取得一定成效，但最终可能会导致"枢纽型"社会组织扭曲化发展，弱化其根本目标，进而强化社会管理体制转型的困境。

关键词：枢纽型社会组织 目标错位 工作年历

一 问题的提出

针对市民社会和法团主义理论双方试图厘定社会组织在"国家与社会"二元框架中的位置，界定其相对于国家的自主性的"单一维度"的观点（Arato，1981；Schmitter，1974），有学者系统地提出了组织间"资源依赖"的关系网络，强调任何组织都受制于外在环境，没有一个组织能够完全独立，因此组织间会相互引进、吸收、转换各种资源，共同处在竞争或合作的互动环境之中（Hall，1991）。政府与社会组织一方面均掌握某些关键资源，如合法性、资金和人员，另一方面也都必须对外部资源做出回应，故而两者并不完全是单方面的对抗或服从关系，而是彼此相互依赖的关系（White，1993）。当然，这种依赖并非被动的依赖，社会组织能够主动通过不同策略来控制或改变环境，以降低依赖的程度，进而获得尽可能多的自主性与自由度，从而摆脱政府过度地直接控制（邓宁华，2011）。按照这一理论演进，社会组织资源来源渠道越多，其相对于政府或市场就更具有独立性。然而，在中国情境下，出现了大量针对当代中国社会组织的经验研究，挑战了这一西方理论预测（纪莺莺，2013），其中最突出的是，具有资源优势的"枢纽型"社会组织①并没有遵循上述理论逻辑，反而"更加依赖政府部门，出现'政社混淆'、'目标偏离'现象"（姚迈新，2014；姚迈新、郭欣，2016；马长山，2017）。"资源优势"与"运转偏离"并存的局面，引发人们对中国情境下"枢纽型"社会组织的成长产生了浓厚兴趣，也启发人们去思考中国现实情境下"枢纽型"社会组织真实的运行轨迹。

在国家治理转型的背景下，国家为了突破"双重管理体制"的困境、化解"高分化、低整合"下的社会矛盾、实现对社会组织的"网络有机整合"而积极推动"枢纽型"社会组织构建。因此，与一般社会组织所处环境不同，有必要对具有合法性和经济资源优势的"枢纽型"社会组织进行新的探讨（李璐，2012；马庆钰，2014）。本文以资源依赖理论在解释"枢纽型"社会组织实际运转目标方面的不足为起点，从工作年历中寻找研究切入点，通过对"枢纽型"社会组织日常事务的分析来勾勒其实际运转轨迹，并在对 T 社团个案进行考察的基础上描述"枢纽型"社会组织依附政府的特殊策略与运作机制。对此问题的探讨，具有以下理论价值和政策实践意义。

首先，在中国现实情境下，有关社会组织目标定位问题存在较大争议，而经常拿来对话的市民社会与法团主义理论，分别从不同的研究取向和理论范式探讨社会组织与政府的互动关系（范明林，2010），研究意图是厘清社会组织在我国现实情境中的地位与作用。这一激烈争论的背后反映了中西方不同的社会环境，因而不能简单地用西方标准来预测中国社会组织的运转情况。当前，我国有些行业协会实际运转的目标追求与其公开宣称的目标相背离，并存在行政化、营利化和垄断化的目标置换倾向（李国武，2008），而这一倾向在商会组织中体现得异常

---

① "枢纽型"社会组织：经负责社会建设的政府有关部门认定，能够对相关社会组织进行日常管理、提供服务，能够发挥党和政府与社会各界群众广泛联系的桥梁和纽带作用，能够将性质相同、业务相近的社会组织联合起来，发挥龙头作用的社会组织。在经验上，如工会、共青团、青年联合会等人民团体及一些自主成立的联合会、总会等社会组织都是"枢纽型"社会组织。

明显（郁建兴等，2013）。学者进一步研究发现，中国市场内生型社会组织并不完全按照西方"会员逻辑"的方向发展，而在实际运转中存在"逻辑偏离"的现象（胡辉华、陈世斌，2015）。

在"分类负责"的管理模式下，"枢纽型"社会组织同时承担着服务和管理的双重任务，但许多任务并非其应当承担的，而只是其碍于政府面子而承担的（李璐，2012），故而可能造成资源分散，难以发挥其真正的职能。更值得关注的是"枢纽型"社会组织在实际运转中存在严重的"目标偏离"趋势，即实际运转效果与预期目标发生偏差甚至背离，导致其引领、整合和培育等"枢纽型"功能难以充分实现（沈荣华、鹿斌，2014）。学者通过对广州市共青团的进一步考察发现，社会组织政治引领与服务支持的失衡引发其目标错位发展（姚迈新、郭欣，2016）。学者们从多元视角描述了不同类型的社会组织在实际运转中呈现的丰富画面，并分析了它们在面对外部环境时所做出的行动策略。这为进一步探讨社会组织目标定位问题提供了借鉴思路。然而，现有研究大多数从外部环境的视角介入而缺乏对"枢纽型"社会组织的内部运转和领导意志如何影响目标错位的关注。同时，现有研究主要讨论一般性社会组织的生存策略，而对身份特殊、目标多样的"枢纽型"社会组织的行动策略及运作机制讨论不足。

其次，从政策实践来看，在社会管理体制创新中，构建"枢纽型"社会组织成为"创新热点"。2016年，北京市拥有51家市级、广东省拥有47家省级"枢纽型"社会组织，且均呈现逐步增加的趋势。① 政府协助成立、税费减免和优先委托服务等优惠政策支持的"枢纽型"社会组织相较于其他类型的社会组织具有先天的资源优势，可为孵化和培育社会组织提供帮助，是各类社会组织整合资源、交流互动、提升能力和公信力的重要助力。然而，通过新闻报道、发展公报和实地观

---

① 《"枢纽型"社会组织路在何方》，http://yn.people.com.cn/GB/n2/2016/1115/c372457-29312005.html，最后访问日期：2010年10月11日。

察，发现具有资源优势的"枢纽型"社会组织实际运转情况并不乐观。以作者实习的广东省 T 社团为例①，该社团与政府关系密切，虽尝试扶持社会组织的成立和搭建社会组织公共交流平台，但自身也面临生存压力和发展瓶颈，无法真正承担起培育、支持社会组织的功能。由此，我们提炼出"枢纽型"社会组织目标定位的两个重要问题：一是在合法性和经济等关键资源相对充足的情况下，"枢纽型"社会组织为何反而更加依赖政府；二是"枢纽型"社会组织如何在确保不出现合法性危机的情况下，平衡政府与会员单位之间的关系，其运作机制是怎样的。

以上为本文的第一部分，即提出问题。余文结构安排如下：第二部分是文献综述和分析框架；第三部分是研究方法；第四部分是 T 社团日常运转的真实图景；第五部分是目标错位的实践逻辑与机制；第六部分是结论与讨论。

二 文献综述和分析框架

"枢纽型"社会组织作为社会管理创新的主要方式，其预期目标的实现程度成为研究的热点问题。学者们之所以在中国情境下不遗余力地探讨这一问题，一方面是出于解释转型期社会组织在国家治理中所处地位及作用的需要，另一方面则源于对中国治理方式变革的关注，即社会组织参与的多元化治理，有助于推动国家治理结构转型。

（一）社会组织目标错位及原因

目标偏离或错位②是组织应对外部环境的一种行动策略，即最初目

---

① 本文第二作者于 2016 年 10 月至 2018 年 3 月，在广东省 T 社团实习，收集了相关资料，进行了实地考察等。

② 目标偏离又翻译为目标置换，是指组织对外部环境所做出的被动反应，而目标错位除有目标偏离的意思，还强调组织主动应对外部环境的策略，因此本文采用目标错位这一表述。

标在实际运转中被其他可选择性的目标所替代。有学者研究发现，理性行政化组织也可能演化成以职员"自我生存"为目标的生命体，而忽视组织的最初目标（Timasheff et al.，1946）；劳工组织在追逐组织利益的过程中，出现了少数精英和大众之间的两极分化，公共目标逐渐被精英的私人目标所替代（Michels，1968）。目标错位主要发生在如下两种情况下：一是组织资源有限，组织的合法性目标被其他位置的目标所替代；二是组织生存需要与其实质性目标产生冲突，这种矛盾使得组织以牺牲当前的环境资源为代价去维持组织的生存（Wolman，1972）。目标错位的形式多种多样，主要包括投机取巧、说谎、转移焦点和挪用资源（Bohte & Meier，2000），而选择哪种或几种形式取决于组织对自身条件与外部环境的度量（刘焕等，2016）。"枢纽型"社会组织作为一种多目标、多功能的社会组织，目标之间错综复杂，而独特的资源优势和较为自主的治理结构，为其目标错位提供了广阔的运作平台。

现有解释社会组织目标错位原因的理论，主要有资源依赖理论和制度逻辑理论。一般认为，社会组织发展依靠会员和影响力，一方面用更好的服务吸引更多的会员，另一方面利用权威获得影响（Schmitter & Streeck，1999）。如果会员或影响力无法获取充足资源，那么组织可能会通过目标错位策略来维持发展。社会组织除了依赖政府资源，还可以依靠市场力量。市场竞争机制倒逼着社会组织不得不改变原有目标以求在市场中赢得竞争，维持组织生存与发展（Kara et al.，2004），而行业协会的互益创业就是一种典型的社会企业运作模式（胡辉华等，2016）。"枢纽型"社会组织大多数脱胎于政府部门或人民团体，为获得体制内资源而主动通过有限的自主权来采取"迎合策略"，目标置换就是其中一种常用的方式（姚迈新，2014）。更重要的是，政府资源具有相当的正外部效应（王鹏，2013），政府支持意味着向社会传递出组织拥有巨大"发展潜力"的信号，可以直接或间接地吸引其他社会投资，故而"许多'枢纽型'社会组织利用身份优势来迎合政府而获得体制内资源"（沈荣华、鹿斌，2014）。

制度压力会导致组织同化和制度同构，即组织回应外部环境和压力的方式具有模仿效应，主要包括强制机制、模仿机制和规范机制（Joel & Frank，1983），而这一情形在中国尤为明显，因为政府的承认是社会团体合法性最重要的来源（高丙中，2000）。有学者通过梳理新中国社会组织的发展历程，发现政府政策是决定社会组织发展的最大影响因素（Ma，2002）。在"后双重管理时代"，国家虽然放松了对社会组织的管控，但传统的管理模式和组织原则依然处于轴心地位，社会组织只能通过目标错位来回应制度压力（黄建新，2010）。在当前制度环境下，相当一部分"枢纽型"社会组织仍在承担政府部门的主管职能，目标定位具有强烈的"行政化"色彩（余永龙、刘耀东，2014）。即使政府出台相关政策①鼓励"枢纽型"社会组织自主建设，以期突破"双重管理体制"的困境，也取得了一定的成效，但是"枢纽型"社会组织仍是一种国家导入社会的构建活动（马长山，2017）。

综上所述，现有"枢纽型"社会组织目标错位的研究主要聚焦于外部环境（资源压力、制度强力）对组织目标的塑造和控制，针对"枢纽型"社会组织内部运作的实际情况以及组织管理者对组织本身定位的研究尚未得到应有的重视。主要原因在于，现有研究在强调外部环境塑造组织目标时，隐含了组织内部理性运作的前提假设（罗家德、李宗超，2012），因而认为组织资源越多，独立自主性越强，显然与具有资源优势的"枢纽型"社会组织表现出对体制内资源更强依附（姚迈新，2014）的事实相违背。组织并不必然理性运作，可能会遇到各种危机而出现失败。因此，研究中国情境下"枢纽型"社会组织的目标错位问题，有必要考察组织的内部运作及领导意志。

---

① 北京市出台了《关于构建市级"枢纽型"社会组织工作体系的暂行办法》；中共中央办公厅、国务院办公厅出台了《关于改革社会组织管理制度促进社会组织健康有序发展的意见》等相关政策。

（二） 社会组织行动策略及机制

组织行动策略是组织内部运作与外部环境互动的结果，理解这种互动需要将国家、社会和社会组织作为一个共同的组织场域（Joel & Frank，1983）。在这一场域中，一方面，社会组织对国家提供的合法性和经济资源存在双重依赖；另一方面，社会组织有足够的动力通过内部运作主动降低依赖程度，以追求组织的根本目标。在西方语境中，社会组织的独立性与自主性呈现高度的正相关（费迪、王诗宗，2014），然而在中国情境下，这一关系尤为复杂，因为中国的社会组织不仅要获得国家提供的政治、行政和法律合法性，而且要获得社会认同的合法性，并且这两种合法性往往会产生冲突甚至对立（高丙中，2000）。在如此两难的困境之中，社会组织如何来协调这一冲突或对立成为学者关注的焦点。研究表明，政府为了自身利益，会根据社会组织的挑战能力和提供的公共物品，对不同的社会组织采取分类控制策略（康晓光、韩恒，2005）。因此，社会组织也将采取适应性的调适策略来平衡不同的国家控制策略（郁建兴、沈永东，2017）。现有社会组织的相关研究主要提出了两种类型的策略：一种是体制内社会组织利用身份、资源优势的吸纳策略；另一种是一般性社会组织利用内部自主性运作的汲取策略。

通常情况下，体制内组织的吸纳策略是一种"隐性"的运作方式，主要表现在日常运转之中。有学者运用新制度主义框架分析了中国青基会的体制依赖性，研究表明，在体制和市场的"二重制度空间"中，青基会试图通过国际交往活动吸纳外商捐赠和利用社团知识、运作规则、资源动员及海外环境约束等异质性制度因素来吸纳社会资源，使其获得社会合法性（沈原，2007）。中国青少年发展基金会在同政府、社会公众、企业的谈判中与之形成了权威关系、信任关系和市场关系，而正是构建这三种关系的互动策略塑造了中国第三领域的特征（任慧颖，2009）。邓宁华通过对两个社会组织的考察，发现缺乏社会基础的体制内社会组织，凭借和利用国家的特殊合法性支持，利用组织的仪式性主义、理事会的边界跨越和公关宣传的方式来吸纳社会领域的资源，并其称为"寄居蟹的艺术"（邓宁华，2011）。许多"枢纽型"社会组织脱胎于政府或人民团体，一方面是党和政府政策方针的贯彻者，另一方面又是培育和服务社会组织的重要主体，故而只能通过目标分解和置换的方式实现多重目标的平衡（姚迈新，2014）。

相较于体制内社会组织的吸纳策略，一般性社会组织的汲取策略就异常明显，这应该与资源压力程度有关（陈为雷，2013）。沿着这一分析逻辑，可以发现一般性社会组织既要汲取国家提供的合法性，又要满足会员及社会的要求。在"双重合法性"的压力下，一些社会组织主动放弃自主性而依附于政府。在此基础上，有学者进一步研究发现在资源或制度上依附于政府，但内部运作具有较高自主性的社会组织是当前中国第三部门的主要构成部分，这一现象被称为"依附式自主"（Lu，2007）。有学者基于结构与能动的理念，应用新制度理论，指出社会组织能够利用内部运作（资源合理配置、组织战略认同）的方式，抵消资源依赖的影响（王诗宗、宋程成，2013），并且后续的相关研究也进一步证明了该观点。在中国情境下，按照上述分析逻辑，"依附式自主"的汲取策略，应该普遍适用于自上而下成立的"枢纽型"社会组织，但调研得到的情况并非如此①。有研究也发现了类似的情况，通过对其性质和目标的分析，认为"目标偏离或置换"策略更适合目标多重的"枢纽型"社会组织（姚迈新、郭欣，2016）

上述研究表明，现有文献主要是依据社会组织的类型来分析应对策略，仍然没有摆脱压力－回应的分析框架，对组织主动依附政府的行动策略探析较少，忽视了并不是每个社会组织都是被动依附政府的这一事实。更重要的是，"枢纽型"社会组织一方面是政府直接成立或间接扶持的，另一方面却是支持、服务社会组织的纽带，这种双重身份使

---

① 笔者于 2016 年 9 月至 2017 年 3 月在 T 社团实习，参与各类社会组织评估，从而利用工作人员的身份实地调查和询问了一些"枢纽型"社会组织的运作情况。

得其运转逻辑不同于其他社会组织，不能简单地一概而论。然而，这一点正是学术界目前讨论不足、尚未得到应有重视的领域。有必要对具有资源优势的"枢纽型"社会组织如何进行目标错位而不伤害合法性、其日常运转在哪些方面可以提供运作空间这一问题进行理论探索。

（三）分析框架

根据文献综述，本文对"枢纽型"社会组织目标错位定义如下：在国家政策优惠减少和管控放松的背景下，"枢纽型"社会组织受到外部环境压力和内部风险成本的制约，通过领导人分工将组织目标分级排序，然后在日常运转中逐渐用实际目标去置换根本目标，并通过会员大会的仪式性活动使其置换行为合法化，最后很好地平衡内外部的资源制约和政府与会员的合法性压力。在此基础上，本文提出如图1所示的分析框架。首先，国家政策优惠减少和管控放松是组织目标错位的前提。其次，在这一前提下，外部环境压力和内部运作成本使得资源有限性和目标多重性出现矛盾，故而组织主动采用目标错位策略来调和这一矛盾。最后，通过领导人分工将目标分级排序、分步落实，并利用会员代表大会的仪式性活动，使目标错位获得形式上的合法化。

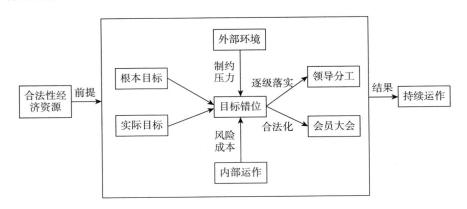

图1　本文分析框架

三 研究方法

本文尝试对"枢纽型"社会组织目标错位的内部原因、运作机制和路径进行探索性研究。根据这一研究目标，本文将运用案例研究方式来论证该观点，原因有三：第一，本文主要探究"枢纽型"社会组织目标错位的内部原因，而案例研究能够生动、细致地剖析复杂现象的逻辑和规律，揭示现象背后的隐含动机（黄江明等，2011）；第二，本文需要对目标错位的实际运作机制、路径进行剖析，而案例研究在展示动态演变过程方面具有优势，能够深入揭示研究对象的运作机制和路径；第三，单案例研究比多案例研究更适合对动态过程的机制进行探索，以提炼出能揭示复杂现象的一般性规律（Elsbach et al.，2010），因此本文采用单案例（个案）研究。

个案是一个"有界限的系统"。所谓界限是指"个案与其他个案及其环境之间的区别"，而系统是指"个案之组成部分构成一个相对自成一体的单位"（卢晖临、李雪，2007），因此个案研究的目的是发展而非验证理论（谢康等，2017）。个案研究不是统计分析的随机抽取，而是选择具有典型性的案例进行深入分析。根据本文的研究问题，案例的选择标准如下：其一，研究对象一定是合法登记的一般性"枢纽型"社会组织而非其他类型的社会组织，即政府间接管控而不直接介入组织日常事务的社会组织；其二，组织章程中目标明确、结构多元、运作规范，并且组织具有一定的年限和规模，排除特殊政策的影响；其三，组织领导与政府关系密切，而会员的规模又较大，即受到政府和会员单位的双重影响；其四，组织实际运行中目标多元，并且受到一定的资源限制。基于上述标准，本文选择了具有很好契合度的广东省 T 社团作为研究对象。

（一）案例概况

广东省 2005 年开始积极探索社会服务类的社会组织"直接登记"制度，降低社会组织准入门槛，以"枢纽型"社会组织建设推动群团组织改革。在这一背景下，广东省 T 社团于 2005 年 9 月，经广东省民政厅批准，由热心支持社会组织工作的企事业单位和个人自愿组成了全省性"枢纽型"社会组织。其宗旨是为社会组织维护权益、反映诉求、加强交流、提升能力、促进发展、扩大影响提供全面服务。秉承这一服务理念，T 社团主要开展如下业务。（1）宣传、贯彻国家有关社会组织管理的政策、法规。（2）扩大服务范围，为会员单位和社会组织提供各类服务，向政府部门反映会员的愿望和要求，协调会员关系，维护会员的合法权益。（3）建立信息平台，编纂刊物，宣传社会组织和会员企业的先进事迹。（4）兴办经济实体，拓宽收入渠道，增强可持续发展能力。T 社团由会员代表大会、理事会、监事会、常务理事会和秘书处构成，其中秘书处下设办公室、行政事务部、会员部（培训交流部）三个职能部门。① T 社团领导主要有会长、执行会长、常务副会长（社长）、副会长、秘书长、副秘书长（主任）等。②

历经十多年的发展，T 社团被中华人民共和国民政部评为全国先进社会组织，被广东省民政厅评为 5A 级社会组织和广东省社会组织模范单位。社团现有 3 个职能部门和 1 个杂志社，13 个正式员工与 4 个兼职员工，679 家会员单位，7 个分支机构，17 个办事机构，1 份全国公开发行的刊物和 1 个经济运营实体。③ 从具体业务来看，除了内部运作和服务会员的常规业务，社团还积极承担政府委托、购买的各项服务，业

---

① 所有信息资料均来源于该社会团体的章程。
② 会长、执行会长及常务副会长都是广东省民政厅相关部处的退休干部，与政府人员私交甚好。
③ 数据信息来源于 T 社团 2016 年的年检报告，截止时间为 2016 年 12 月 31 日。虽然年检报告中的经营实体数为 0，但据工作人员透露调查时经营实体福彩中心仍在运营，2017 年 9 月才转让出去。

务种类繁多，目标多样，可以很好地呈现组织运转的真实图景。上述特点决定了 T 社团日常运转的复杂特征，而正是这一特征与本文案例选择的标准和探讨的问题具有很好的契合性。

（二） 数据收集

本案例的数据收集方法主要包括工作年历（会议纪要、发展规划与总结）、半结构化访谈、非正式访谈和实地观察等，通过多样化的数据信息来保障数据信息的相互补充和交叉验证，有效提高案例的信度和效度。工作年历主要借鉴了行政年历的分析思路：从乡镇行政化运转、机构设置、领导人分工中透视乡镇组织的真实运转状态（刘能，2008；叶贵仁，2009），以及从市长讲话文稿中展现市政府职能实现的过程（王佃利、吕俊平，2011）。本文的工作年历主要是 T 社团领导层（副秘书长及以上）关于组织日常运转和短期规划、召开会议讨论具体事务安排而形成的会议纪要，并包括年度发展规划与总结，① 从中可以呈现 T 社团运转的真实目标。此外，通过实习，进入 T 社团实地观察，真实地感受社团的运作机制与工作状态，并通过与各层级工作人员的交流获得了许多可靠信息。同时，利用工作人员的身份，通过等级评估的机会了解到一些社会组织对 T 社团的看法与意见。除正式的方式，本研究还对社团的各层级工作人员进行了深入访谈（见表1），并形成文字记录。

表 1　访谈对象的描述性统计分析

层级	时间	访谈对象及其职位	主题
高层	2016. 11. 14 ~ 22	秘书长、副秘书长 B、办公室主任 C	部门工作情况
高层	2016. 12. 26 ~ 28	执行会长（聊天）、副秘书长 D	社团发展目标
	2017. 3. 7 ~ 9	秘书长（聊天）、副秘书长 B、办公室主任 C	社团制度落实情况

---

① 　按规定每两周召开一次会议，但由于领导出差、政府会议等情况 2016 年只有 20 份会议纪要。

层级	时间	访谈对象及其职位	主题
中层	2016. 10. 14 ~ 18	行政部副部长、办公室副主任、会员部部长、杂志社编辑、销售组长	部门工作分工及会费情况
	2016. 11. 20 ~ 25	会员部副部长、行政部副部长、办公室副主任	与政府交往的情况
基层	2016. 10 ~ 12	行政部主管、会员部主管、办公室主管、杂志社主管	社团具体工作的执行情况及工作效率
	2017. 1. 6 ~ 8	会员部主管、办公室主管、杂志社主管	社团目标定位问题
	2017. 3. 21	行政部主管	社团定位
实习生	2016. 12. 25 ~ 27	行政部实习生、会员部实习生	对社团发展情况的感觉及问题

四 T社团日常运转的真实图景

组织日常运转是一个复杂的过程，需要处理各种正式和非正式的关系，故而许多真实目标需要在组织日常运转中寻找答案。从实际目标来看，工作年历是社团高层对组织日常事务的具体安排，具有重要的指向作用，因此文件数量能够反映事务的重要程度。根据研究目的，作者选取了T社团2016年全年会长办公会会议纪要，并把文件内容按编码原则概念化为四个目标类别：准行政化事务（等级评估、免税资格）、组织建设事务（机构设置、人才培养、有偿培训）、纯服务性事务（信息交流、无偿培训、考察走访）、仪式性活动（领导视察、评比表彰、宣传活动）。上述分类基本涵盖了工作年历的内容。对2016年全年20份会议纪要的83项议题的初步统计结果如表2所示。

表 2 会长办公会会议纪要 2016 年卷内文件统计

单位：项，%

工作领域	议题数量	占比
准行政化事务	28	33.73
组织建设事务	26	31.33
纯服务性事务	16	19.28
仪式性活动	13	15.66
总计	83	100

资料来源：T 社团会长办公会议的会议纪要。

工作年历中反映社团日常工作的主要事务都对应一个具体职能部门，而仪式性活动由秘书长亲自安排。一般情况下，各职能部门按照职能分工完成本部门常规事务，而一些非常规、临时性的事务则由领导协调各部门合作完成。通过简单统计分析，本研究发现 T 社团超过一半时间都在忙于政府委托与组织自身建设事务，而真正服务社会组织的事务只有 19.28%，这一真实运转图景值得深思。

（一）工作年历中目标错位的表现

1. 行政化特征突出

从理论上讲，"枢纽型"社会组织既不是政府的附属或机构，更不是"二政府"，而是一个自主运转的独立主体，因此与政府部门的运行机制存在本质区别。但在中国现实情境中，"枢纽型"社会组织一般经过政府认定（默许），与政府部门有着密切的联系，其章程制定、机构设置和人员安排等都受到政府部门的决定性影响，同时为获取政府资源、承接政府职能，其组织结构和管理方式都主动符合政府的运行机制，从而表现出浓厚的"行政化"倾向。在本案例中，"行政化"倾向主要表现在两个方面：一是社团的日常工作，二是社团与其他组织的交流。

从工作年历中可以发现，T 社团高层讨论"准行政化"事务的比例占 33.73%，而这一比例只包括正式的安排，还有许多非正式安排无法纳入统计，足见其重要性。例如 2016 年，T 社团代表广东省民政厅对全省性社会组织开展等级评估工作①，代表广东省民政厅社会组织管理局对社会组织的免税资格进行审查，该社团行政事务部做好这两项事务的人、才、物都"捉襟见肘"，更不用谈兼顾服务会员单位、社会组织的根本目标。这两项工作表面上是政府委托或购买的服务而不是组织的常规职能，但实际上其他社会组织都将 T 社团视为政府部门。比如在评估现场，许多被评估单位都将 T 社团当作政府部门，直接用行政等级称呼工作人员，这表明"枢纽型"社会组织具有强大的路径依赖，不断强化着社会组织领域的行政等级观念。

在社团与其他社会组织交流的过程中，"行政等级化"色彩异常凸显。在社团走访、考察的过程中，"枢纽型"社会组织本应该认真听取其他社会组织的意见，听取它们对社团服务工作的要求，然而实际上却成为类似于"领导视察"的活动。被走访的社会组织按照行政等级安排座位、确定发言顺序、赠送礼品，交流过程中一味地迎合 T 社团的领导，委婉地提一些"不痛不痒"的意见，沦为"吹捧"的形式活动。与此形成鲜明对比的是，T 社团与政府部门的交流，与其说是商量和协调政府委托的工作，不如说是下属向上级汇报工作。正如行政事务部部长所说："钱财都掌握在他们（政府工作人员）手里，我们还能怎么办，只能恭恭敬敬地迎合。"（访谈记录，编号：20161115）这句话充分体现出政府行政化潜移默化地塑造着社会组织"等级化"倾向。

2. 营利化倾向明显

社会组织区别于企业组织的典型特征就是"不以营利为目的"，即禁止进行利润分红，从而确保社会组织的公共性。然而，一些社会组织"暗度陈仓"，不愿意承担章程规定的职责，反而利用身份优势参与市场竞争而获得利润，并将一部分利润进行分配（黄建新，2010），这种营利化倾向在民办非企业单位中体现得异常明显。正如前文所述，"枢

---

① T 社团组织专家（高校教师、社会组织代表和会计师）到现场对社会组织的机构设置、内部运作、财务情况等内容进行打分，并根据分数的高低确定等级（1A－5A）。

纽型"社会组织相较于其他类型的社会组织具有多重优势，在市场中更具竞争力，故而其可能有更大的"营利化"能力。在案例中，"营利化"倾向既表现在组织机构的设置或变更上，又体现在日常工作中。

工作年历中一个有趣的现象是接连 4 次会议都讨论一项议题：是否将会员部更名为培训部，最后由于意见分歧较大，不欢而散，只能合称会员（培训）部。笔者询问办公室主任才明白"更名风波"的内在博弈："高层领导想直接改为培训部，好名正言顺地开展各项培训工作，获得更多的收入来源，这本来也是好事，但受到会员部所有成员（包括分管的副秘书长）的抵制，（他们）可能觉得改名会导致人事变动，即使名称没有改变，但培训活动也越来越频繁。"（访谈记录，编号：20161119）这一定程度上说明有偿服务成为社团获取资源的重要途径。同时，工作年历中涉及大量有偿培训的议题，如政策法规培训、公文写作、领导人研修班、财务培训等，也就意味着会员部孵化、连接、交流和培训的职能目标日渐失衡，日常工作主要围绕有偿培训而展开。另外，从社团收取会费额度的增幅可以更加直观地反映其"营利化"倾向（见表 3）

表 3 社团各等级会员单位的会费情况

单位：元

年份	一般会员	理事	常务理事	副会长	常务副会长	执行会长
2005 ~ 2009	1000	3000	5000	7000	10000	无
2010 ~ 2014	2000	4000	6000	8000	12000	无
2015 ~ 2019	3000	5000	7000	10000	15000	20000

资料来源：办公室副主任的口述。

与培训和会费等"隐性"营利方式相比，公开发行 B 杂志和成立福彩中心就属于"显性"营利方式。工作年历中有 8 项议题是关于如何打造 B 杂志的品牌、扩展销售渠道和确定封面人物①的讨论，足见其

①　一般封面人物需要向社团支付一定数额的封面费。

在社团运转中的地位，杂志"即将成为社团下一个收入来源重心"（访谈记录，编号：20161214）。然而，曾是社团销售收入重心的福彩中心却日渐入不敷出，成为一个"甩不掉"的烂摊子，以至于长时间低价出售都无人接手。幸运的是2016年底终于转让给一家有限公司，此后社团无须再持续注入资金以维持其日常运作，很大程度上缓解了社团发展的压力。

3. 仪式性活动凸显

"枢纽型"社会组织是在国家政策扶持下成立的，必须符合国家规制的要求。换言之，在国家庞杂多样的社会组织规制面前，"枢纽型"社会组织必须建立起相应的组织形式，并开展一些仪式性活动（邓宁华，2011）。

除了在日常话语中主动保持和政府立场一致，许多形式主义的象征性活动也在日常工作中开展，并且往往是动员全社团的人放下本职工作而参与其中。根据工作年历中展现的社团安排和作者实习观察所见，象征性活动具体包括如下方式：秘书长主要负责联系政府部门和人员，在节庆活动中邀请官员列席；聘请德高望重的省以上领导担任社团的名誉领导，如顾问委员会、杂志编委等；积极邀请政府部门领导到社团视察，并在网站和公共场所大肆宣传，如当时S省民政厅领导到广东考察，社团领导则通过各种私人关系邀请到S省民政厅领导来考察，虽然考察只有十分钟左右，但全社团人员加班加点准备了两天；积极举办或参加表彰大会，申请各种政府授予的荣誉，并将其摆放在社团最显眼的位置。

按照迈耶和罗万的看法，遵循正式制度并没有效率价值，而只是一种仪式（Meyer & Rowan，1977）。与此类似，T社团的一些象征性活动不仅不能给组织带来效率的提升，反而会打乱机构的正常活动，不利于本职工作的开展，但社团却"乐此不疲"地积极主动申请，其目的只是遵从制度的仪式性要求以获得更多的合法性资源。可想而知，资源分配具有排斥性，当一些资源用于形式性活动时，必然影响实质性工作的开展，也就意味着组织可能会利用资源分配机制来实现组织目标之间的错位。

（二）目标错位的组织内部原因分析

通过对 T 社团工作年历的梳理，笔者发现其实际追求的目标与公开宣称的目标存在一定的错位，并且呈现不断强化的趋势。当前，T 社团日渐朝着行政化、营利化和形式主义等方向发展，偏离了服务会员单位、社会组织和社会的运行轨迹。学者们对社会组织目标错位的现象提出了诸多解释，但主要都是从外部环境的角度，认为资源依赖和制度逻辑导致了社会组织的目标错位（虞维华，2005；马长山，2017）。然而，对于"枢纽型"社会组织来说，天然的身份和资源优势并不能使其独立自主的运作，反而对政府表现出更强的依赖，这一事实说明仅从外部环境的角度并不能完全解释"枢纽型"社会组织目标错位的动机，还需探讨其运转的内部风险、政府资助对组织内部的"溢出效应"与目标多重性和治理自主性。

1. 日常运转的内部风险

社会组织运转面临着内外部风险，需要对风险进行评估与管理，使有限的资源得到合理的配置，因此风险是组织在制定战略决策时不可避免的问题（廖中举，2015）。当前，在分析社会组织过于依赖政府的原因时，都暗含社会组织高效运转的预设，即一旦社会组织获得足够的资源就可以独立于政府，实现自主、高效运作。然而，这种预设忽视了非政府组织运转过程中，计划的变通执行、效率低下和协调困难等内部风险，为降低这些风险因素，组织可能会做出一些不符合组织目标战略的决策。

在本案例中，作者通过在办公室和行政事务部实习的所见所闻发现，这些风险因素严重制约组织日常运转的效率。例如办公室主任由于和上级领导闹矛盾，请假两个礼拜，导致办公室常规事务处于真空状态，究其原因竟是"主任批评办公室一位'关系户'迟到、早退和旷工反而被上级领导责骂"（访谈记录，编号：20161124）。在邮寄缴纳会费通知单的过程中，会员部负责的会员通讯录没有及时更新，而办公室在没有核实的情况下就直接邮寄，导致大量退单，浪费了组织人力和物力资源。不可思议的是，表面上社团每个员工都事务繁忙，但实质上大部分人都忙于私人事务，工作拖沓，效率不高。这些内部风险严重制约了社团发展潜力，导致社团高层为了在运转困难时获得政府扶持而主动依附于政府部门（黄晓春，2017）。

2. 政府资助的外溢效应

在中国情境下，政府仍然控制着政治和公共领域（康晓光、韩恒，2005），决定了社会组织的发展方向，这就意味着政府资助相当于向社会传递出"发展预期"的信号，表明该组织得到政府认可或成为政府重点扶持的对象，未来发展潜力巨大。更重要的是这种"信任许可证"将使得社会组织在承接政府委托或转移服务、参与市场竞争等方面取得优势地位。正如某协会秘书长坦言"全协会两个多月忙于准备各种评估资料，来回请 T 社团的工作人员前来指导，目的就是能够评上 5A，以后在开展其他工作时能够增加砝码（方便）"（访谈记录，编号：20170227）。[①] 一般来说，社会组织依附于政府并不完全是为了资金，而是政府的认可和资助会产生"外溢效应"，从而吸引社会资源，促进组织内部有效运作。这一观点从 T 社团的资金来源中也可以得到印证（见表 4）。

表 4　T 社团 2016 年各项收入及占总收入比例

单位：元，%

科目	本年累积余额	所占比例
会费收入	2126000.00	40.46
服务收入	2794678.01	53.18

---

① 根据广东省民政厅的要求，全省性社会组织只有 3A 级以上才有资格承接政府服务。

续表

科目	本年累积余额	所占比例
政府补助	260600.00	4.96
商品销售	55259.00	1.05
其他收益	18487.82	0.35
总计	5255024.83	100.00

资料来源：社团 2016 年检报告，截止日期 2016 年 12 月 31 号。

从表 4 中可以看出，政府补助收入只占 4.96%，并不如想象得如此巨大，收入主要来源于会费和服务收入，这让人更加疑惑：既然资金主要来源于会费和服务性收费，为何还"费尽心力"地讨好政府。究其根源在于政府资助的"外溢效应"，正是政府资助的信号传递机制使得社团会员数量急剧增加和在竞争政府委托项目中取得优势地位。例如，社团获得免税资格审查后，突增 200 多家会员单位；承接社会组织等级评估项目后，各种培训即使"牵强附会"也要打着等级评估的名号吸引社会组织参加。从这一视角审视，"枢纽型"社会组织利用身份优势获取政府信任和支持是理性选择的结果。

3. 目标的多重性与治理的自主性

"枢纽型"社会组织的意义在于一方面是党和国家的政策、方针的代言人，另一方面又是服务和管理社会组织的主体，具体被赋予"政治引领、服务支持和管理平台"三重功能。在实际运转过程中，"枢纽型"社会组织主要实现"孵化培育、协调指导、合作发展、自治自律、集约服务、党团管理的目标"[1]，从而激发社会组织活力，推动国家治理结构转型。资源有限的"枢纽型"社会组织无法兼顾如此多重功能，只得通过各种策略来平衡组织目标，其中"资源分配失重和目标失衡是最常用策略"（姚迈新，2014）。同时，为进一步释放社会组织活力，国家对社会组织内部治理放松管控，允许其拥有较大程度的内部治理

---

① 广东省委、省政府办公厅转发《广东省社工委关于构建"枢纽型"社会组织体系的意见》。

自主权，比如直接登记，无须挂靠业务主管单位；国家不再统一规定会费标准，由社会组织自行决定等，这为"枢纽型"社会组织目标错位的策略提供了广阔的空间。

在本案例中，目标多重性体现在工作年历的多种事务和多元化的资金来源上，而这也是社团领导分歧较大的地方，如在政府项目和会员项目的资源分配、如何平衡政治功能和管理、服务功能上激烈争论。在交流和访谈过程中，多数工作人员对社团的定位含糊不清，反复谈及"为政府、会员和社会服务"的空话，只知道社团目标很多，但具体有哪些方面却不清楚。比如行政事务部主管说"我们部门好像什么事都要做，就连走访会员也成了我们的工作，难道会员部的事情多到不能去走访会员"（访谈记录，编号：20170307）；另一位会员部大二实习生说"以前我觉得社会组织应该是一群有理想、激情的人，为了服务社会而在一起工作，但现在发现（社会组织）还要服务政府，关键是还要挣钱提高工资"（访谈记录，编号20170307）。

五　目标错位的实践逻辑与机制

内外部环境的共同作用导致"枢纽型"社会组织需要进行目标错位而获得生存、发展。而随着市民社会的壮大和国家治理方式的变革，"枢纽型"社会组织获得了较大的内部治理自主权，从而为其目标错位提供了有利条件。但仍存在一个问题："枢纽型"如何连接根本目标和实际目标，使其在多重目标之间实现平衡，而不至于丧失合法性基础。在解释这个问题上，孙立平提倡的"过程－事件分析法"很有启发意义，该方法把静态的组织目标融入动态的实际运转中（孙立平，2001）。在 T 社团，有两个比较特殊的事实：领导人分工和会员大会。一方面，每个部门的负责人在组织中不管是在表面上还是在实质上的地位都不是平等的；另一方面，社团的会员大会成为"表彰大会"，根本没有发挥其真正的作用。通过参与观察和深入访谈，笔者发现领导人的地位和分工及会员大会成为组织目标错位策略的平衡桥梁。

（一）领导人的地位与任务分工

在召开会长办公会议安排组织任务时，每个人的权力与责任都非常明确，座位摆放、说话时间和讨论事务都严格限定，呈现典型的科层化特征。在 T 社团的日常运转中，会长和执行会长负责日常工作决策而秘书长带领秘书处各部门负责决策的落实。其中，秘书长负责具体任务安排并联系政府官员，其他三个职能部门分别由三位副秘书长（主任）分管，而杂志社由一位常务副会长分管。然而，在执行具体任务时，由于经常需要抽调不同部门的人组成小组，故而员工私人关系密切，横向交流、互助较多，并无严格的等级之分，正如所有实习生都认为"T 社团工作氛围和谐，人与人之间关系融洽"。可以发现，T 社团工作环境呈现"松紧结合"的特征，共同服务于组织目标。

分管各部门的领导在社团中的地位直接影响了社团安排部门事务的先后顺序和资源分配多寡，进一步决定了部门目标的实现程度。T 社团各职能部门领导人如下：常务副会长兼社长 A 原是广州市某局局长，负责 B 杂志社，拥有一间较大的独立办公室，平时被直接称为"A 局长"；副秘书长 B 原是广东省民政厅某处处长，负责行政事务部，拥有一间小但独立的办公室，平时直接被称为"B 处长"；主任 C 拥有官方背景，和社团高层私交甚密，负责办公室工作，与办公室副主任兼会计共同拥有一间办公室；副秘书长 D 是资历浅、毫无官方背景的大学生，负责会员部，没有独立办公室。从部门领导人的"关系网络"和办公场所就足以直观地看出其在社团中的地位，这也决定了其分管的部门在社团中的重要性，因为在一个强调等级的环境中，地位的高低直接决定了话语分量和资源获取能力。作者观察的事实也证明了这一点，例如杂志社已拥有六名正式员工，仍不惜"重金"请知名编辑加入，而会员部除副秘书长外只有两名正式员工，其中一个还在休产假，却一直不招聘；工作年历中杂志社、行政事务部的议题都单独列项，并放在首位而会员部的议题一般都在末尾或在其他事项中总括，不单独列项。

这种以领导人的地位来凸显部门重要性的任务分工，契合了社团目标错位的策略。首先，社团在领导层中设立不同的层级，分管不同的职能部门，从而将组织目标具体落实到每一职能部门，以维持组织日常运转。从这一视角审视，就很容易理解社团为什么需要如此多的层级，如会长、执行会长、常务副会长、副会长等。其次，在常规情况下，需根据分管部门领导在社团中的地位，决定部门事务的先后顺序和资源分配的多寡，并且领导重视也向社团内部传递出优先信号。再次，在非常规情况下，如资金不足、人员短缺等，社团领导会根据组织实际发展情况将根本目标和实际目标综合考量，确定目标等级，优先实现高层级目标。最后，依据目标等级匹配分管领导的等级，决定由哪个部门具体落实这一目标，并集中配套人力、物力资源，而其余目标只能"疲于应付"。工作年历中可以明显地反映出社团忙于"准行政化"和内部建设事务而服务会员、社会的事务自然"流于形式"的状况。

（二）会员大会中体现的合法化过程

社团章程规定，会员代表大会为社团最高权力机构，每届四年，决定制定和修改章程、制定会费标准、审议理事会的工作报告和财务报告等重大事项，因此是会员单位和社会对社团实际运转的集中检验，也是社团向外传递多种信号而为其目标错位策略提供形式合法化的途径。哈贝马斯指出，合法化可以理解为在合法性被否定的情况下对合法性的辩护（哈贝马斯，1989）。而会员大会正是社团展现政治、行政、法律和社会合法性的有利平台，亦是为其目标错位披上合法化外衣的方式。

首先，邀请官员列席并发表讲话，突出政治、行政合法性。政府官员的出席向会员和社会传递出政府对社团认可的信号，并将进一步支持其发展，也就意味着社团获得了较强的政治、行政合法性。作者有幸参与筹备和参加 T 社团会员代表大会，发现社团领导在办公会议中总是突出强调官员的重要性，并且成功邀请到广东省民政厅领导、社会组织管理局领导出席大会，这也成为社团领导对外宣传的"资本"。并且官员在做总结性发言时，一般会高度肯定社团发展成绩，这对社团获得会员和社会的信任至关重要。

其次，遵照法律法规，依据章程规定向会员汇报运转情况，体现法律合法性。社团召开会员大会，在会议议程和代表人数上完全符合章程规定，严格按照会前通知、会中签到和会后回收问卷的程序进行，符合法律意义上的合法性，但问卷的反馈意见却"无人问津"。会员大会有两项主要议程：一是听取并审议执行会长的工作报告；二是听取监事长的财务报告，其中财务报告是社团传递信号的重点。根据作者在大会现场听取的情况：财务报告分为资产收入、支出和负债状况三个部分，而着重强调社团的负债状况以至于无法实现组织目标，希望与会单位、个人理解支持。换言之，财务报告的实质是向社会发出社团资金运转困难的信号，即有限的资源无法实现组织全部目标，故而只能集中资源完成一些重要目标，以期寻求会员单位、社会人士的体谅，从而为目标错位提供合法性基础。

最后，向会员单位或个人颁发荣誉证书，以获得社会合法性基础。颁奖仪式将双方统合到一种"正博弈"的场域之中，即颁奖者通过颁奖来塑造权威而获奖者则通过获奖来默许颁奖者的权威以及证明自身价值（丁利，2016）。例如一位常务理事单位的工作人员说"我之所以来参加大会就是为了把这些奖（三个奖项）领回去，至于其他议题没什么兴趣，说实话反正大家各取所需"（聊天记录，编号：20170322）。值得一提的是，会员大会总计两小时，其中上台领奖及合影留念共占用一小时二十分钟，总共颁出 289 个奖项，其中单位奖项 93 个，个人奖项 116 个，项目奖项 70 个，十件大事 10 个[①]，足见颁奖仪式在社团运转中的地位。在这种情境下，可想而知许多会员单位都是为奖而来，至

---

① 数据来源于 T 社团官网关于第三届第二次会员大会暨评选表彰大会的报道。

于行使审议权利、提出质疑和共商组织发展等议程只能"流于形式"。根据观察和报道,笔者发现颁奖成为许多社会组织会员大会的主要议程,表明"荣誉机制"在社会组织获取社会合法性中扮演重要角色。

六　结论与讨论

在参与观察过程中,发现"枢纽型"社会组织相较于其他类型的社会组织具有较强的合法性和经济资源支持以及一定的治理自主性,但也表现出对政府的过度依赖这一有悖于现有理论的"特殊事实"。为了重构这一事实,本文批判性地分析了资源依赖理论在解释"枢纽型"社会组织实际运转目标方面的不足,然后从工作年历中寻找研究切入点,通过对"枢纽型"社会组织日常运转事务的分析来勾勒其实际运转轨迹,并在对 T 社团个案考察的基础上描述了"枢纽型"社会组织依附政府的特殊策略与运作机制,这将有助于更完整地理解"枢纽型"社会组织在创新社会治理方式中的地位。基于对 T 社团工作年历中讨论议题的统计分析,发现社团的工作重心在于完成政府委托或转移、有偿培训等准行政化和内部建设事务,而培养孵化、信息交流和意见反馈等服务性事务占比较低,并且社团需要完成一些无益于组织效率的仪式性活动。这种行政化、营利化和仪式性的倾向明显偏离了组织根本目标,可称之为"目标错位"。通过对其内部运转状态的分析,可进一步发现运转失败的风险、政府资助的"外溢效应"与目标多重性和治理自主性的内部因素共同造成了社团在实际运转中的目标错位。

在中国公共管理情境下,"枢纽型"社会组织处在"双重依赖"之中,一方面需要政府自上而下的政治合法性,另一方面也需要自下而上的社会合法性,故而如何平衡这一依赖成为其必须面对的问题。从"过程-事件分析法"出发,实地观察 T 社团的日常运转轨迹,发现领导人分工和会员大会在平衡"双重依赖"中起到桥梁作用:分管不同职能部门领导的地位决定了事务的先后顺序和资源分配多寡,进而影响到社团不同目标的实现，将目标错位的安排落到实处；进一步通过会员大会中官员列席、讲话，传递运转困难的信号和颁奖仪式的方式为社团目标错位寻求政治和社会合法性，从而使其目标错位合法化。"枢纽型"社会组织目标错位的运作机制，很好地吸纳了政治和社会合法性，以至于在合法性不受质疑的情况下能够持续运转。

在这种发展模式下，拥有合法性和资源优势的"枢纽型"社会组织反而过于依赖政府，这将不利于其根本目标的实现（范明林，2010）。一个直观的表现是，"枢纽型"社会组织的趋同化越来越明显，为了满足政府需求，统一按照政府规定，投入大量的资源去整合组织机构设置、调度人员和塑造形象，沦落为"泛社会组织"而无法承担起培育与扶持社会组织的根本目标，其他类型的社会组织也存在类似的情况。从这一角度审视，发生在社会组织领域中的各类现象并非各自独立，而是有着内在的联系，是同一制度逻辑在不同类型社会组织的表现形式。同时，这些现象也提醒人们在看待中国社会组织发展模式时，不能简单地预设社会组织的发展轨迹，而要认清当前中国的治理情境以及社会组织具体做了哪些事务，哪些事务是其应该做的，哪些事务是其不应该做却不得不做的，否则在不了解社会组织实际运转情况下提出的改革建议可能会产生"适得其反"的效果。

【参考文献】

陈为雷，2013，《从关系研究到行动策略研究——近年来我国非营利组织研究述评》，《社会学研究》第 1 期，第 228 ~ 240 页。

邓宁华，2011，《"寄居蟹的艺术"：体制内社会组织的环境适应策略——对天津市两个省级组织的个案研究》，《公共管理学报》第 8 期，第 91 ~ 101 页。

丁利，2016，《制度激励、博弈均衡与社会正义》，《中国社会科学》第 4 期，第 135 ~ 158 页。

范明林，2010，《非政府组织与政府的互动关系——基于法团主义和市民社会视角的比较个案研究》，《社会学研究》第 3 期，第 159～176 页。

费迪、王诗宗，2014，《中国社会组织独立性与自主性的关系探究：基于浙江的经验》，《中共浙江省委党校学报》第 30 卷第 1 期，第 18～26 页。

高丙中，2000，《社会团体的合法性问题》，《中国社会科学》第 2 期，第 100～109 页。

黄建新，2010，《社会组织的错位与复位：基于"系统与社会"关系视角》，《西安文理学院学报》（社会科学版）第 13 卷第 4 期，第 73～77 页。

黄江明、李亮、王伟，2011，《案例研究：从好的故事到好的理论——中国企业管理案例与理论构建研究论坛（2010）综述》，《管理世界》第 2 期，第 118～126 页。

黄晓春，2017，《中国社会组织成长条件的再思考——一个总体性理论视角》，《社会学研究》第 1 期，第 101～124 页。

胡辉华、陈世斌，2015，《逻辑偏离：市场内生型行业协会内部运作的组织分析——以 G 省 J 行业协会为例》，《中国非营利评论》第 1 期，第 182～199 页。

胡辉华、陈楚烽、郑妍，2016，《后双重管理体制时代的行业协会如何成长发展？——以广东省物流行业协会为例》，《公共行政评论》第 9 卷第 4 期，第 124～146 页。

哈贝马斯，1989，《交往与社会进化》，张树博译，重庆出版社。

纪莺莺，2013，《当代中国的社会组织：理论视角与经验研究》，《社会学研究》第 5 期，第 219～241 页。

康晓光、韩恒，2005，《分类控制：当前中国大陆国家与社会关系研究》，《社会学研究》第 6 期，第 73～89 页。

李璐，2012，《分类负责模式：社会组织管理体制的创新探索——以北京市"枢纽型"社会组织管理为例》，《北京社会科学》第 3 期，第 47～51 页。

李国武，2008，《行业协会的目标置换倾向及其原因分析》，《江苏行政学院学报》第 3 期，第 60～65 页。

刘焕、吴建南、徐萌萌，2016，《不同理论视角下的目标偏差及影响因素研究述评》，《公共行政评论》第 9 卷第 1 期，第 151～171 页。

罗家德、李智超，2012，《乡村社区自组织治理的信任机制初探——以一个村民经济合作组织为例》，《管理世界》第 10 期，第 83～93 页。

卢晖临、李雪，2007，《如何走出个案——从个案研究到扩展个案研究》，《中国社会科学》第 1 期，第 118～130 页。

刘能，2008，《等级制和社会网络视野下的乡镇行政：北镇的个案研究》，社会科学文献出版社。

廖中举，2015，《组织风险倾向研究述评与展望》，《外国经济与管理》第 37 卷第 8 期，第 78～86 页。

马长山，2017，《从国家构建到共建共享的法治转向——基于社会组织与法治建设之间关系的考察》，《法学研究》第 3 期，第 24～43 页。

马庆钰，2014，《纠正枢纽型社会组织的发展偏向》，《行政管理改革》第 9 期，第 28～30 页。

任慧颖，2009，《非营利组织的社会行动与第三领域的建构》，上海大学出版社。

沈荣华、鹿斌，2014，《制度建构：枢纽型社会组织的行动逻辑》，《中国行政管理》第 10 期，第 41－45 页。

沈原，2007，《市场、阶级与社会：转型社会学的关键议题》，社会科学文献出版社。

孙立平，2001，《中国农村：国家－农民关系的实践形态——试论"过程－事件分析"方式》，《经济管理文摘》第 19 期，第 12～15 页。

王鹏，2013，《国家与社会关系视角下的枢纽型组织构建》，《中国青年政治学院学报》第 5 期，第 33～39 页。

王诗宗、宋程成，2013，《独立抑或自主：中国社会组织特征问题重思》，《中国社会科学》第 5 期，第 50～66 页。

王佃利、吕俊平，2011，《论城市政府职能的实现——基于市长文稿的文本分析》，《公共行政评论》第 4 卷第 1 期，第 76～94 页。

谢康、刘意、肖静华、刘亚平，2017，《政府支持型自组织构建——基于深圳食品安全社会共治的案例研究》，《管理世界》第 8 期，第 64～80 页。

姚迈新，2014，《"枢纽型"社会组织：目标偏离与防范》，《广东行政学院学报》第 1 期，第 5～9 页。

姚迈新、郭欣，2016，《枢纽型社会组织：偏差调适与发展》，《探求》第 2 期，第 107～111 页。

郁建兴、周俊、沈永东等，2013，《后双重管理体制时代的行业协会商会发展》，《浙江社会科学》第 12 期，第 53～61 页。

郁建兴、沈永东，2017，《调适性合作：十八大以来中国政府与社会组织关系的策略性变革》，《政治学研究》第 3 期，第 34～41 页。

余永龙、刘耀东，2014，《游走在政府与社会组织之间——枢纽型社会组织发展研究》，《探索》第 2 期，第 154～158 页。

叶贵仁，2009，《乡镇行政年历：一个解释性框架》，《甘肃行政学院学报》第 5 期，第：30～36 页。

虞维华，2005，《非政府组织与政府的关系——资源相互依赖理论的视角》，《公共管理学报》第 2 卷第 2 期，第 32～39 页。

周雪光，2013，《国家治理逻辑与中国官僚体制：一个韦伯理论视角》，《开放时代》，第 3 期，第 5～28 页。

Arato, A. 1981. "Civil Society against the State: Poland 1980 – 1981," *Telos*, 47 (4): 23 – 47.

Bohte, J., Meier, K. J. 2000. "Goal Displacement: Assessing the Motivation for Organizational Cheating," *Public Administration Review*, 60 (2): 173 – 182.

Elsbach, Kimberly, Cable, Daniel, M., Sherman, Jeffrey. 2010. " How Passive Face Time Affects Perceptions of Employees: Evidence of Spontaneous Trait Inference," *Human Relations*, 63 (6): 735 – 760.

Hall, R. 1991. *Organization : Structure Process and Outcomes.* New York: Jersey Prentice.

Joel, A. C. Baum, Frank Dobbin. 1983. "The Iron Cage Revisited: Institutional Isomorphism and Collective Rationality in Organizational Fields," *American Sociological Review*, 48 (2): 147 – 160.

Kara, A., J. E., O. W. 2004. "An Empirical Investigation of the Link between Market Orientation and Business Performance in Nonprofit Service Providers," *Journal of Marketing Theory & Practice*, 12 (2): 59 – 72.

Lu, Y. 2007. "The Autonomy of Chinese NGOs: A New Perspective," *China An International Journal*, 5 (2): 173 – 203.

Michels, R. 1968. *Political Parties: A Sociological Study of the Oligarchical Tendencies of Modern Democracy.* Free Press, Collier-Macmillan, pp. 108 – 109.

Ma, Q. S. 2002. "The Governance of NGOs in China since 1978: How Much Autonomy," *Nonprofit and Voluntary Sector Quarterly*, 31 (3): 305 – 328.

Meyer, J. W. , Rowan B. 1977. "Institutionalized Organizations: Formal Structure as Myth and Ceremony," *American Journal of Sociology*, 83 (2): 340 – 363.

Schmitter, P. C. 1974. "Still the Century of Corporatism?" *Review of Politics*, 36 (1): 85 – 131.

Schmitter, P. C. , Streeck W. 1999. "The Organization of Business Interests: Studying the Associative Action of Business in Advanced Industrial Societies," *Mpifg Discussion Paper*, 47 (14): 3192 – 3200.

Timasheff, N. S. , Gerth, H. H. , Mills, C. W. 1946. " From Max Weber: Essays in Sociology," *Philosophy of Science*, 19 (2): 136 – 157.

White, G. 1993. "Prospects for Civil Society in China: A Case Study of Xiaoshan City," *Australian Journal of Chinese Affairs*, 29 (29): 63 – 87.

Wolman, H. 1972. "Organization Theory and Community Action Agencies," *Public Administration Review*, 32 (1): 21 – 33.

中国第三部门研究　第 16 卷
第 55～75 页
© SSAP，2018

从环境抗争到协同治理：ENGO 在路径演化中的作用机制研究

张丛丛　朱照南　陶传进*

摘　要： 由于市场失灵和政府失灵的存在，仅仅依靠市场和政府并不能从根本上解决环境问题，社会在推动和实施环境治理中的作用不容忽视。本文以环保类社会组织（ENGO）为研究对象，分析了 ENGO 介入环境抗争、化解社会冲突的作用机制。研究发现，ENGO 可以通过建构信任、达成目标共识、均衡力量对比，从而实现冲突的消解，为其从无序、情绪化、暴力化的环境抗争走向有序、理性与共赢的协同治理创造条件。本研究提供了一种化解环境类社会冲突的解决思路，对于深化环保社会组织参与社会治理的理论认识有一定的参考意义，同时为相关部门制定管理政策提供了实证依据。

---

*　张丛丛，北京师范大学公共管理专业博士生，主要从事非营利组织管理方面的研究，E-mail：congzhongxiaoccb@126.com；朱照南，北京化工大学文法学院讲师，北京师范大学公共管理专业博士，主要从事非营利组织管理、政社关系的研究，E-mial：zhuzhaonan@gmail.com；陶传进，通讯作者，北京师范大学社会发展与公共政策学院教授，中国人民大学社会学博士，清华大学公共管理学博士后，主要从事非营利组织管理、社会治理的研究，E-mail：tao@bnu.edu.cn。

关键词： 环境抗争 协同治理理论 ENGO 冲突化解
作用机制

一 问题提出

面对环境问题带来的严峻挑战，党和国家对生态环境的治理也日
益重视。党的十九大报告首次将"美丽"作为社会主义现代化强国的
关键词，对生态文明建设和生态环境保护提出了一系列新部署，并将
"解决突出环境问题"与"改革生态环境监管体制"列为四大环保任务
之一（习近平，2017）。

生态环境的治理强调多个不同主体依法平等参与污染控制和环境
保护过程，特别强调公民个体、非政府组织等非国家和政府部门的作用
（陈健鹏、高世楫、李佐军，2016）。然而在现实中，我国公众参与环
境治理呈现这样一种状态：环境利益受到危害的社会公众很容易采取
环境抗争或维权的方式表达利益诉求，而这往往并不能有效解决环境
问题；存在参与环境治理面比较窄、参与层次比较低的问题；呈现
"要么不闻不问，要么冲突对抗"的"两极"行为模式（马长山，
2009）。因而，作为另一大社会力量的代表——环保类社会组织（Envi-
ronmental Non-governmental Organization，ENGO），被赋予了更多期待。
它们能发挥何种作用，是否有能力促成环境的协同治理，而非加剧冲突
抗争，成为新的关注点。本研究便为这一议题提供了一个实证案例。

本研究选择了福建一家 ENGO（简称 F 组织）进行案例研究。F 组
织曾在某村庄进行环境抗争时介入，帮助该村从激烈的冲突抗争走向
了理性的协同治理之路，并最终实现了环境问题的妥善解决。本研究要
回答的问题是：从环境抗争到协同治理的路径演化是如何实现的，以及
ENGO 在其中是如何发挥作用的。本文主体分为以下五个部分：第一部
分就现有文献进行回顾，重点综述了 ENGO 的角色与作用，并以协同
治理理论为基础构建了研究框架；第二部分对研究方法进行了介绍；第

三部分为案例背景介绍；第四部分结合协同治理理论对 ENGO 的作用机制进行了深入分析；第五部分对研究结论进行了概括并进行了应用性探讨。

二　文献回顾

（一）ENGO 的界定、角色及作用

在讨论有关 ENGO 相关问题之前，需要澄清对 ENGO 这一概念的基本看法。本研究侧重关注 ENGO 作为 NGO 这一属性在动员公众参与环境治理中发挥的不同于政府、市场的特殊作用及其中的作用机制，因而采用中华环保联合会（2006）的定义：ENGO 是以环境保护为主旨、不以营利为目的、不具有行政权力并为社会提供环境公益性服务的民间组织。

关于 ENGO 的角色及作用，目前主要有两个脉络上的研究。一派观点认为，ENGO 是政府或公众的补充。将 ENGO 定位于政府在环保领域里的功能补充者角色的 Turner（2004）认为，ENGO 是"自上而下努力保护环境"的结果，以及"为自下而上的行动主义提供的新的法律和空间"。Schwartz（2004）从治理的视角出发，认为在"小政府、大社会"的政府思路下，在国家权力下放的过程中，需要 ENGO 弥补政府在环境保护领域中的功能失灵，平衡地方政府部门在环保中的不作为。陶传进等（2012）认为，ENGO 是在政府、企业、公众、环保部门功能和角色失灵的情况下，环境公益在基层的唯一代言人；同时，作为公众力量的补充，ENGO 可以帮助、教育社会公众，将其变为更为公益性的环保力量。

同样，在 ENGO 的作用上，一些学者认为 ENGO 能将整个环境运动的活动变得更富有效率，在解决环境问题的同时会带来一些特殊的效果，如拓展了公民参与范围、改变了公众舆论，有时会因制止了企业

污染而得到公众、政府的信任。相对于松散的个人组成的临时性群体存在的力量不集中、团队不稳定、冲动易失控等弱点，ENGO 将公众的力量和能力变得强大（岳世平，2006）。

此外，ENGO 被认为有助于减少大规模社会冲突或社会运动的发生。Kornhauser（1959）提出，发达的中层组织能够有效预防和消解超大规模社会运动和革命，对社会的和谐稳定起重要的调控和缓冲作用，能减少民众被大量动员并引发社会冲突的可能性。宋海水（2004）认为，一些西方国家公众参与的良好实现与众多 ENGO 的推动是密不可分的。在环保类社会政治冲突过程中，ENGO 是充当外在性力量的一个变量，其积极功能主要有四个方面：一是服务和替代功能，二是信息收集和监督功能，三是对话和沟通功能，四是教育和引导功能。这些功能可以缓解政治冲突（胡锐军，2014）。陶传进等（2012）认为，ENGO 在参与环境污染治理中扮演启动者和激活者的角色，以"合作"的方式，"撕裂"企业和政府的捆绑，"还原"政府本来意义上的环保执法功能。

另有研究则将 ENGO 置于一种冲突的结构中，认为 ENGO 是抗争者的角色，有可能加剧政治冲突（胡锐军，2014）。Haynes（1999）认为，环境活动分子对政府施加自下而上的压力，甚至会有更为广泛的对政治和经济改革的要求，往往与政府激烈抗争，希望采取非常规的对抗策略对政府产生压力，迫使政府就范。

综上，尽管一些研究对于 ENGO 在缓解冲突与抗争方面给予了积极的肯定，但尚未清晰地回答"ENGO 是如何发挥作用的"这一问题。本文聚焦这一问题，通过协同治理的理论视角建构分析框架，对其进行作用机制的系统分析。

（二）协同治理理论

协同治理（Collaborative Governance）理论是协同（Collaboration）与治理理论（Governance）的交叉理论。协同对应一种价值理念，治理对应一种行为选择；协同突出系统的自主性、动态性、协调性，治理强调政府、市场、社会多元主体的参与（郑巧、肖文涛，2008）。协同治理主要指在公共管理的实践中，政府、非营利组织、市场组织、公民个人等主体，基于共同目标，在一定的规则或机制下，以合作的方式调和相互冲突的利益并寻求公共问题解决方案的过程（康伟、陈茜，2015；张立荣、冷向明，2008）。

对于协同治理中不同治理主体间的关系，一些学者进行了研究与解读。Culpepper 和 Chi 强调各参与方地位和话语权的平等。Culpepper（2003）认为，协同治理是政府和其他主体在某一政策领域的互动，互动过程中政府这一主体在问题的界定、方案的选择上并无垄断性权力。Chi（2008）认为，协同治理中的各参与主体间是平等合作的伙伴关系，互动中各方需要放弃一部分的独立性或自主性。Ansell 和 Gash（2008）认为，在集体决策过程中，公共机构与非政府利益相关者（Non-state Stakeholders）是以达成共识为目的、以协商的方式进行对话的。同样，国内研究者也认为，协同治理理论强调多元主体在治理过程中的平等参与、协同合作、共识达成（孙萍、闫亭豫，2013；周宇、惠宁，2016）。

因此，通过对协同治理理论的回顾，笔者发现对于协同治理理论，国内外学者基本存在这样一种共识：首先是政府之外的主体参与到治理过程中，其次是各行动主体之间存在共同的目标，再次是各主体平等协商、合作协同以努力达成目标。

在其应用性上，协同治理以整体功能效应的最大化为出发点解决问题，强调整合不同主体的利益，因而这种多元主体合作治理模式既有坚实的理论基础，也有现实的可行性和重要的实践意义，被认为是处理公共危机、解决社会冲突的有效路径（康伟、陈茜，2015；沙勇忠、解志元，2010）。国内学者对协同治理理论的应用研究，主要聚焦于公共危机、区域合作及生态环境等公共事务的治理难题（孙萍、闫亭豫，2013）。

在环境治理领域中，一些学者指出了生态环境保护中多元主体协同治理的必要性（杨新春、姚东，2008）。严燕和刘祖云（2014）认为，多元主体共同参与公共事务的协同治理模式有助于规避风险，减少环境冲突引起的负面效应。黄爱宝（2009）认为，协同治理是超越环境工具理性并体现环境价值理性的治理模式，不仅有助于环境合作政府的建设，而且有助于加强社会自治力量的发展。此外，一些学者提出了多元主体协同治理生态环境的创新模式，如政府、社区、企业、EN-GO、公众等全面参与的节能减排协同治理模式（黄德林、陈宏波、李晓琼，2012），基于"协议保护"视角的生态保护合作治理的创新机制（黄春蕾，2011）等。

虽然很多研究者认同环境协同治理的重要意义，强调 ENGO、公众等社会力量参与的重要性，但对于协同治理这一机制形成条件的研究较少，尤其缺乏在冲突情境下如何实现协同治理的研究。本文便从一个环境冲突的案例出发，基于协同治理理论建构 ENGO 化解冲突的理论分析框架，阐述其作用机制与应用结论。

三　研究方法

（一）个案研究

本研究采用质性个案研究。本研究采取福建省 A 村村民和 F 组织共同保护村庄水环境的案例，试图通过福建省 A 村在面临环境威胁时维护权益的案例，尝试揭示村民在面临环境威胁时表达利益诉求而得不到政府和企业的有效回应，环境维权行为日益升级演化成群体性事件，并在 F 组织介入后消解，形成协同治理局面的机理。在此基础上，系统阐述 ENGO 的内在作用机制。

（二）研究资料的收集与分析

1. 研究对象

本文通过对 F 组织介入福建省 A 村环境抗争事件的研究，试图分析 ENGO 在冲突抗争向协同治理路径演化中的作用机制。本文研究对象的选取主要基于以下两个原因。首先，研究选取的个案属于特殊案例。研究者在参与一项水环境保护 NGO 调研时发现，ENGO 在化解环境冲突中发挥着独特的功能，而本研究所选择的案例不仅消解了某村的环境冲突，而且通过对村民参与能力的培养，为实现环境的协同治理提供了可能性。其次，研究所选取案例具有一定的便利性，研究者与 ENGO 的负责人熟识，获取研究资料的渠道较为通畅。

2. 资料的收集

本文采用了下述方法进行资料收集。

（1）文件

第一，公开的记录。研究者赴福建省 A 村，获取了相当丰富的纸质资料，包括相关的媒体报道、村民的申诉书、民事起诉状、检测报告、监测记录等文件资料。第二，村民提供了大量的照片，包括企业偷排、江面上的油污、村民的集体上访、围堵企业等照片，在很大程度上还原了当时的事态。第三，F 组织的内部文件。研究者在福建 F 组织办公室内，查阅了组织介入 A 村的环境抗争事件后所保留的谈判记录、监测报告、会议纪要、照片、视频、音频等内部资料。

（2）访谈

本研究采取了半结构式访谈与焦点小组访谈两种方式。研究者深入 A 村，与多名村民代表进行了焦点小组访谈，旨在通过相互交流讨论，进行相互激发，更为全面地了解路径演化过程，深入地探寻他们之间的作用机制，了解村民在参与本村环境保护、维护环境权益的过程中，公民意识、行动、价值观等方面的发展历程，分析各个阶段的公众行动逻辑及行动效果。

通过实地调研、电话访谈等方法，研究者对深度介入 A 村环境污染事件的 F 组织负责人 L 主任与项目官员 XZ 进行了多次半结构化访谈，深入了解 F 组织的组织理念及专业性，分析其在该事件演化发展中的作用机制。访谈对象名单见表1。

表1 访谈对象

访谈对象	F 组织负责人 L 主任
	F 组织工作人员 XZ
	F 组织顾问 W 主任
	A 村村民、A 村环境示范基地理事长 ZSD
	A 村村民、A 村环境示范基地秘书长 ZZ
	A 村村民、A 村环境示范基地副理事长 HJL、HGX

四 案例背景

福建 A 村位于福建"母亲河"闽江的入海口。2006 年，某公司在此建厂投产后，所带来的污水、废气恶臭等污染给闽江流域的生态及附近的居民生活造成了严重的影响。村民反映，该厂在生产时排放难闻的恶臭，工业废水直排闽江，致使 A 村附近水域油污遍布，水草、生物死亡。

面临环境威胁，村民们首先推选了五名代表到工厂与企业"交涉"，然而，企业的工作人员并没有表态，"交涉"后也没有采取什么措施，排气、排污依旧。在此情况下，村民开始决定向镇政府和区环保局反映。经过多次举报后，政府部门终于责令企业停产整改，一个月后，企业照常生产，污染现象并没有减轻。村民继续举报，几次后发现，他们陷入了一种"企业生产—污染—村民举报—责令整改—继续生产"的循环。

同时，村民发现企业与政府"似乎"存在"特殊利益关系"，自己根本"不是他们的对手"。

这个企业很有来头的。区里引进这个项目，还不是为了政绩，顾不上环境啊，就算环保局想管也管不了啊！我们也知道这里面很复杂呢，甚至说区里、市里就明知道他们是环评不过关的，对老百姓不好的，对环境有害的，也还是不敢怎么样它，最多就是整改，但根本改不好啊。（村民 HJL）

于是村民开始寻求别的办法。他们利用海外华侨华人资源，在《世界日报》《侨报》上曝光，试图在国际上制造舆论压力，迫使政府部门重视此事；一位村民是区政协委员，他将此事作为提案提出，并复印了几百份"申诉书"，和村民一起到区里甚至市里"上访"，分发到各部门；全村老少出动，甚至动员了周边的几个村子，和他们一起，去企业门口"抗议"；去附近的小学、单位调查，问他们是否能闻到恶臭，将收集到的这些数据作为"证据"提交给环保部门；他们聘请了专业的律师，试图通过法律渠道"捍卫自己的权利"，但最终未被法院受理；村民在海外的亲属纷纷捐款，支持家乡村民的环境抗争。

历经一年多的时间，村民们的行动依然没能换来政府有力的环保执法，企业照常生产。2007 年 4 月，村民们终于忍无可忍，聚集了同边村子的村民一起举着条幅去企业抗议。由于人数众多，村子外面的国道交通被堵塞。村民抵达企业门前，没想到企业雇用了几十名"保安"等在门口与村民对峙。双方情绪激动，甚至发生了肢体冲突。

当时一闹，村民们都愤怒到头了，都说要决定"拼命"了，因为真是没办法了啊。（村民 HJL）

在这样的形势下，村子里很有威望的一名老先生通过网络了解到当地一家颇有影响力的 ENGO——F 组织，于是邀请 F 组织来帮助他们进行"抗争"。F 组织的负责人 L 主任提出了介入事件的唯一条件："一切行动听 F 组织指挥"。

我们一进入村里调研，村民们就觉得好像有点希望了，就没那

么愤怒和激进了。我们也和他们说，要慢慢来，不能起冲突。（L
主任）

五 ENGO 作用机制分析

（一）建构信任基础

协同治理是一种集体行为，协同治理过程是各参与主体都认可的
行动规则的制定过程，这一过程中，信任是前提，且能降低交易成本，
使规则容易达成一致（周宇、惠宁，2016）。F 组织以独立于政府、企
业、村民的身份介入当地的环境抗争，不是任何一方的"对立方"，也
非任何一方的"助手"，而是以"中立方"的姿态，代表的是"环境公
益"，这使其逐渐构建起与各方的信任纽带。正如 L 主任所说："我们
是客观的、中立的，不代表某一方的利益。我们代表的是环境的利益，
是公益的。另外，我们和政府、企业、村民都是友好的，不是为了谁来
的，而是来探讨怎么把事情解决得更好，看有没有大家都比较满意的出
路。" F 组织对信任基础的建构主要体现在以下三方面。

1. 公众之于政府

在事件发生的初期，村民们首先选择的是体制内的解决办法：与企
业商谈、向政府部门寻求帮助。但多次努力并没有成效后，村民认为政
府和企业之间存在着"潜在同盟关系"，对政府的信心和信任度急剧降
低。这也是导致其采取"抗争"策略的原因。很多时候，公众对于政
府和企业能保持信息透明、能够做出公平合理决策的信任度下降，以及
对于政府会依法保证公众参与和司法过程公正的信任度下降，都会导
致公众的抗争（Mazmanian & Morell，1990）。

F 组织介入后的重要任务之一便是帮助村民重拾对政府的信任。F
组织帮助村民认识到污染治理的困境所在，明确维权的目标是污染治

理而非对抗政府，将环保部门视作合作方而非对立方。在访谈中村民表示：

> L 主任来了之后，我们知道了不能一竿子把一船的人都打翻，我们得考虑他们（环保部门）也有压力啊，他们中也是有想做事的人的，但是有很多不得已啊！所以我们要帮他们，而不是想怎么换掉他们。（村民 ZZ）

2. 环保部门之于 ENGO

F 组织组成了包括科研专家、大学教授在内的团队在村子实施调研，同时走访了环保部门、工厂、镇政府、区政府，最后形成了一个评估调研报告，提交给了当地环保、海事等相关部门。这一行为实际上是对环保部门地位的认可，承认环保部门是真正的执法力量，让政府处于解决污染问题的第一线，F 组织则坚实地在背后做支撑，提供专业性支持，以此获取政府信任。与此同时，评估调研报告的提交意味着这件事进入了行政程序，政府不会对此置之不理。此外，F 组织联络当地环保部门、海事局、海洋与渔业局等相关部门共同参与调查，并为他们提供专业支持和群众基础，获得政府部门信任并协助政府加强执法力度。

> 我们就形成一个调研的报告提交给相关部门。其实环保部门也是很头疼，也很想解决这件事。后来他们跟我们说，他们之前也有各方面的压力。所以说我们这么做实际上是在支持他们，对他们来说是帮助的力量，他们也因此逐渐相信我们，相信我们是善意的，也相信我们有这个能力帮助他们解决问题。（L 主任）

3. 企业之于 ENGO

F 组织尽力争取企业的信任。在开始阶段，企业是不愿意和 F 组织接触的。F 组织通过"软硬兼施"的策略，使得企业初步接纳自己，获取了企业基本的信任。首先，F 组织释放善意，表示是为了帮助他们解决问题的；此外，F 组织通过法律、媒体等力量的调动，对企业形成了威慑，迫使企业不得不选择直面问题。

> 我们就和企业工作人员说，我们有三个身份，一是专家志愿者，二是 NGO，三是媒体。因为他们污染给村民造成了严重的伤害，所以来找他们，其实也是帮助他们。我和他们说，他们需要哪方面的数据，我们想办法帮他们找，各个方面都可以帮他们找，只要他们愿意解决、愿意合作。目的：一是不污染环境，二是不让企业停产，但是一定要坐下来谈，大家形成一股合力，来讨论如何解决是最好的。（L 主任）

F 组织一次次上门与企业沟通，并以中立客观的立场多次组织圆桌会议，邀请村民、政府、污染企业代表共同协商问题的解决办法。随着 F 组织与政府部门一次次的动员、沟通，企业终于同意参与协商。

（二）达成目标共识

协同治理的基本逻辑是建立在利益共同体的基础上（周宇、惠宁，2016），各行动主体之间只有存在目标共识，才可能以合作的方式调和相互冲突的利益（康伟、陈茜，2015）。在环境抗争阶段，企业主要关注的是自身经济利益，政府的首要目标是维护社会稳定、防范群体性事件，而村民则是义愤填膺。当冲突各方的根本利益不可调和时，协同治理也就无从谈起。

F 组织便发挥了调整利益结构、建构共同目标的作用。他们协调各方达成目标共识，即在不破坏环境的前提下实现共同利益最大化。对于政府部门，F 组织强调解决问题、平息冲突抗争、维护社会稳定；对于企业，F 组织强调如何停止污染行为并使其损失最小化；对于村民，F 组织强调环境利益的目标以及理性维权的重要性。在促使各方直面问题的同时，F 组织巧妙建构了各方都接受的共同目标，这一基调为化解冲突、实现协同治理提供了可能。

（三）均衡力量对比

村民相对于政府和企业的强大，通过体制内实现利益诉求无法实现，各种资源都处于弱势的村民无奈之下只能选择抗争作为维权的手段。此时的博弈局面的力量对比是失衡的：处于地方经济发展的考虑，政府环境执法部门并未对排污企业采取有力措施；而公众相对于政府和企业的强大，各种资源都处于弱势。公众与政府、企业之间的力量对比落在图 1 中的 A 区域。在这种力量格局下，公众的利益诉求无法通过体制内的渠道实现，被迫选择激进的方式，以提高利益诉求的影响力，通过事态的升级、上级政府的关注、舆论的支持等方式向政府和企业施加压力，无奈之下上演了一幕幕与完全不对等的企业及政府进行抗争的悲壮场面。

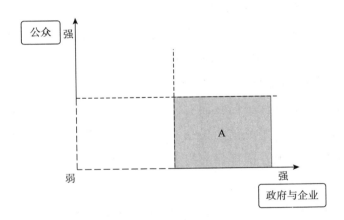

图 1　环境抗争中力量对比分析模型

协同治理强调各参与方地位和话语权的平等，非均衡状态下要么无法合作，要么是一种形式意义上的低水平的依附性合作（史云贵、欧晴，2013）。F 组织通过发挥改变不均衡力量对比状态的作用，促进了协同治理局面的实现，主要体现在提升公众能力、还原环保部门的环境执法职能、使企业回归独立主体地位三个方面。

1. 提升公众能力

通常，公众在自发地组织起来与污染企业和地方政府抗争的过程中，存在以下三个方面的困境：环保知识不足、行动缺乏策略、价值表达亏欠（陶传进等，2012）。F 组织为公众提供支持，提升其环境保护认知及参与环境治理的能力。主要做法有以下几个方面。

首先，通过征集懂得当地方言的志愿者，由专家组将深奥、晦涩的专业知识以通俗易懂的方式对志愿者进行专业培训，再由志愿者以方言、普通话双语讲授的方式向村民开展"环保课堂"，帮助村民弥补了环境知识不足的短板。

其次，鼓励村民成立环境监测志愿者队伍，对河流、湿地以及工厂生产进行实时观察与监测；带领村民一起搜集证据，与企业、政府召开圆桌会议，提升村民理性参与环境治理的行动能力。

最后，孵化了一个在地的环保组织——A 村环境示范基地。通过组织化的力量，在村民原本自身权益维护意识中叠加日常环境保护的观念，使得该事件最终解决后，环保的理念和行为能够得以持续和传承，公众作为环境治理主体的能力得以延续。

2. 还原环保部门的环境执法职能

在本案例中，环保部门在面对污染事件时出现了失灵。面对 F 组织时，环保部门也表示了此前的无奈。因而 F 组织以独立主体的身份介入环境冲突事件，对无奈的环保部门来说，既是一种压力，也是一种打破部门利益、地方保护的动力。通过收集证据、提供权威调查报告、搭建多方沟通平台等方式，F 组织致力于达成多方共识，形成问题解决方案，这对环保部门来说是一种支持型力量，可帮助环保部门冲破地方保护主义的桎梏。

同时，F 组织本身是由电视媒体演化而来，充分利用自己的媒体资源对 A 村的污染情况进行了报道，做到污染信息及时准确公开。通过整合广泛的社会力量，对政府和企业形成压力，迫使地方政府和企业改变原来的做法。环保部门在动力与压力的双重作用下"归位"，恢复了其本来意义上的环境执法功能。

3. 使企业回归独立主体地位

使企业回归独立主体地位，意味着原本被地方保护的企业势力大大削弱。同时，F 组织获取了村民和政府的信任，加之社会舆论的压力和法律的威慑，企业不得不放低姿态，参与对话与合作。

因此，在 F 组织的努力下，公众能力提升，环保部门归位，企业回归独立主体，力量对比格局趋于均衡，落在图 2 中的 A'中。自此，F 组织建构了环境协同治理的三要件：信任基础、目标共识、力量平衡，从而使得一种良性治理格局的形成成为可能。

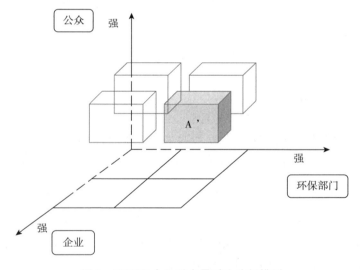

图 2　ENGO 介入后力量对比分析模型

（四）搭建协商平台

在此基础上，F 组织搭建了协商对话平台。经几次沟通、斡旋之后，四方达成了成立环保监测站的规则共识，即 F 组织、村民、环保部门、企业各派一个人值班，记录是否有臭味，如果臭味持续两个小时，企业必须停产整改。

轮流值班的制度持续了半年多，其间企业生产过程中又出现过几次臭味，都被监测小组记录下来："我们村民闻到了臭味，环保部门的工作人员闻到了臭味，F 组织的人也闻到了臭味，大家都签了字，就剩下企业的代表了，他也只好签字，他怎么能不签字呢？因为他也明明闻到了臭味。"一旦四方签字，企业就会被环保部门责令整改："因为这是规矩，你企业和政府都是认可了的，所以你违约了你就得承担后果。"经历了几次"整改—生产—再整改"的循环后，企业最长一次有半年没有生产，半年后又有一次重新生产，油污直排闽江被再次发现，环保部门最终下令，企业彻底关停。最终，F 组织在建构信任、达成目标共识、均衡力量对比的前提下，通过协商对话平台的搭建，促进了冲突的化解、协同治理的实现，以及环境事件的妥善解决。

六　结论与讨论

（一）研究结论

环保领域的协同治理，主要指政府、市场和公民等主体，互动合作解决环境问题以实现环境保护目标的过程。其中，协同治理达成的三个关键性要素便是信任基础、共同目标和各主体的平等参与。

ENGO 恰恰通过其使命与专业性，帮助实现了三个条件的满足：建构信任基础、达成目标共识和均衡力量对比。ENGO 上述三方面的作用，使得环境冲突向协同治理的演化成了可能，最终形成了一套各方有机整合、良性合作的环保模式。在该模式下，通过一种非对抗的方式，实现了环境问题在体制内轨道上得到解决。同时，这种做法使村民合作起来，成为农村环保的主力，公民素质和参与能力在此过程中也得到了提升。

ENGO 在其中的内在作用机制如图 3 所示。

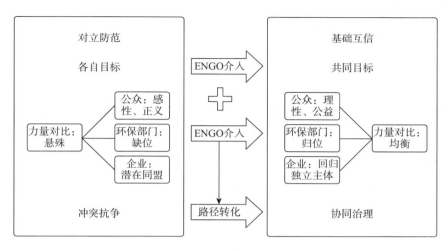

图 3　ENGO 的作用机制

案例中，村民面对环境恶化带来的生存危机，混杂着对政府"不作为"的次生怨恨，进行了环境抗争。但是，冲突抗争并没有取得实质性效果，村民的诉求仍旧没有得到企业或政府的回应，而村民却已经"不堪重负"，企业也时刻警惕村民的"打砸"，政府更是担心新一轮群体性事件的发生。在这种情境下，村民更加绝望和愤怒，对环保部门的不满和怨气达到顶峰；同时面临一触即发的更严重的群体性事件，企业也不敢轻举妄动，只能聘请多名"保安"驻守，暂时停产。可见，这种冲突抗争并没有实现什么正向的效果，三方都有不同程度的损失，是一种"负和博弈"的局面。

抗争背后体现的是对立双方力量对比的悬殊。各种社会资源处于弱势的一方，基于各方力量对比的权衡，便选择抗争作为力量抗衡的武器，以期借此获得力量的平衡。而事实证明，ENGO 的介入是均衡力量对比的更好方式。加之其在建构信任基础、达成目标共识方面的作用，这种方式相较于抗争而言，不仅有利于社会的和谐稳定，而且有利于形成共赢局面，最终事件的解决也更有利于环境公益的实现。

ENGO 之所以能发挥这样一种作用，首先，因为 ENGO 容易通过独立的外部角色赢得冲突中各利益相关方的信任，这是实现协同治理的

"第一步";其次,ENGO 通过自身使命与专业性进行沟通斡旋,确立各方的共同目标,实现协同治理的第二个条件;再次,ENGO 均衡各行动主体的力量对比,这是实现"合作"的关键点,也是使"冲突"走向"协同治理"的质变点。因此,各主体能逐步形成平等协商、合作协同的良性治理格局:环保部门回归本来意义上的环保执法功能,企业停止违法排污行为,公众由原本代表"正义"的力量变为"公益"的力量,形成多方共赢局面。

因此,ENGO 能凭借自身作为 NGO 这一属性的专业性,通过一套特殊的运作手法与技术(不同于政府与企业),使各方实现互信、目标共识与力量均衡,进而将各方纳入协同治理的平台上理性协商,实现了冲突的化解。

(二) 应用性探讨

近年来,随着政府职能的转型,从社会管理到社会建设再到当前的社会治理,传统的公共事务治理主体——政府,逐渐将越来越多的公共事务下放到社会,由多元主体提供社会服务、参与社会治理。在政府职能转移的大背景下,国家对于社会组织发展的支持已经增加了不少,但对于 ENGO 这一存在"敏感性"的组织类型而言,仍旧采取了谨慎的发展策略。2013 年,十二届全国人大一次会议通过的《关于国务院机构改革和职能转变方案》和十八届三中全会通过的《中共中央关于全面深化改革若干重大问题的决定》明确规定,行业协会商会类、科技类、公益慈善类和城乡社区服务类社会组织可依法直接向民政部门申请登记,不再经由业务主管单位审查和管理,而环境保护类社会组织并不在此之列,在实践中也一直处于双重管理和较难注册的境地。

不可否认,长期以来,政府出于对社会"稳定"的重视而对 ENGO 持"戒备"态度。这是一种国家与社会零和博弈或负和博弈思维的产物。在这一思维下,ENGO 被认为是社会稳定的潜在威胁。尤其是在"管制"、"控制"和"社会秩序刚性稳定观"的思维方式下,环保社会组织的发展面临着传统发展模式的强大惯性（何平立、沈瑞英，2012）。但实际上，环保类社会组织并非均为"抗争型"组织，而是有相当一部分为"治理型"组织，这类组织的存在不仅不会引发大规模群体性事件、环境社会运动等，反而有利于消解社会冲突，引导公众由环境抗争走向理性合作的道路，同时能使地方环保部门"归位"，使其真正成为环境保护在基层的"代言人"。因而，政府管理部门需要做的是，鉴别出治理型的环保社会组织并给予支持，提升其参与环境治理的能力。只有这样，才能在环境保护方面形成国家与社会的相互增权（Mutual Empowerment），从而实现经济、环境、社会的协调发展。

（三）研究局限

本文重点关注 ENGO 对于环境抗争事件的消解作用，描述并分析其主要行动策略及作用机制，访谈资料主要来自 ENGO 与公众两方。事实上，在路径演化过程中，作为关键利益相关方的企业与政府的行为受到复杂因素的影响，其中，本文对 ENGO 是如何影响二者策略选择的尚未进行深度分析，值得在后续研究中做进一步讨论。

【参考文献】

陈健鹏、高世楫、李佐军，2016，《"十三五"时期中国环境监管体制改革的形势、目标与若干建议》，《中国人口·资源与环境》第 11 期，第 1～9 页。

何平立、沈瑞英，2012，《资源、体制与行动：当前中国环境保护社会运动析论》，《上海大学学报》（社会科学版）第 1 期，第 119～130 页。

胡锐军，2014，《环保类社会冲突动力机制的理论阐释》，《理论探索》第 4 期，第 52～57 页。

黄爱宝，2009，《论府际环境治理中的协作与合作》，《云南行政学院学报》第 5 期，第 96～99 页。

黄春蕾，2011，《我国生态环境合作治理路径探析——三江源措池村"协议保护"的经验与启示》,《地方财政研究》第 10 期, 第 54 ~ 60 页。

黄德林、陈宏波、李晓琼, 2012,《协同治理: 创新节能减排参与机制的新思路》,《中国行政管理》第 1 期, 第 23 ~ 26 页。

康伟、陈茜, 2015,《公共危机协同治理视角下的组织合作问题研究》,《行政论坛》第 1 期, 第 14 ~ 17 页。

马长山, 2009,《非政府组织中的公民参与》,《求是学刊》第 1 期, 第 70 ~ 75 页。

沙勇忠、解志元, 2010,《论公共危机的协同治理》,《中国行政管理》第 4 期, 第 73 页。

史云贵、欧晴, 2013,《社会管理创新中政府与非政府组织合作治理的路径创新论析》,《社会科学》第 4 期, 第 25 ~ 32 页。

宋海水, 2004,《公众参与环境管理机制研究》, 硕士学位论文, 清华大学。

孙萍、闫亭豫, 2013,《我国协同治理理论研究述评》,《理论月刊》第 3 期, 第 107 ~ 112 页。

陶传进等, 2012,《水环境保护中的 NGO——理论与案例》, 社会科学文献出版社。

习近平, 2017,《决胜全面建成小康社会夺取新时代中国特色社会主义伟大胜利——在中国共产党第十九次全国代表大会上的报告》,《人民日报》10 月 28 日。

严燕、刘祖云, 2014,《风险社会理论范式下中国"环境冲突"问题及其协同治理》,《南京师大学报》(社会科学版) 第 3 期, 第 31 ~ 41 页。

杨新春、姚东, 2008,《跨界水污染的地方政府合作治理研究——基于区域公共管理视角的考量》,《江南社会学院学报》第 1 期, 第 68 ~ 70、74 页。

岳世平, 2006,《当代西方环境运动述评》,《河南大学学报》(社会科学版) 第 6 期, 第 6 ~ 9 页。

张立荣、冷向明, 2008,《协同治理与我国公共危机管理模式创新》,《华中师范大学学报》(人文社会科学版) 第 2 期, 第 11 ~ 19 页。

郑巧、肖文涛, 2008,《协同治理: 服务型政府的治道逻辑》,《中国行政管理》第 7 期, 第 48 ~ 53 页。

中华环保联合会，2006，《中国环保民间组织发展状况报告》，《环境保护》第
    10 期，第 60 ~ 69 页。

周宇、惠宁，2016，《协同治理：现代财政的一个分析框架》，《宏观经济研究》
    第 7 期，第 92 ~ 97、121 页。

Ansell, C. and Gash, A. 2008. "Collaborative Governance in Theory and Practice,"
    Journal of Public Administration Research and Theory 18, 543 – 571.

Chi, K. 2008. "Four Strategies to Transform State Governance," IBM Center for The
    Business of Government. Washington, DC, 25.

Culpepper, Pepper D. 2003. "Institutional Rules, Social Capacity, and the Stuff of
    Politics: Experiments in Collaborative Governance in France and Italy," John
    F. Kennedy School of Government, Harvard University, Faculty Research Work-
    ing Papers Series, RWP03 – 029, 4.

Haynes, J. 1999. "Power, Politics and Environmental Movements in the Third
    World," *Environmental Politics* 8 (1), 222 – 242.

Kornhauser, W. 1959. *The Politics of Mass Society*. New York: Free Press.

Mazmanian, D. and Morell, D. 1990. "The NIMBY Syndrome: Facility Siting and the
    Failure of Democratic Discourse," in Vig N. and Kraft M. eds. *Environmental Policy
    in the 1990's: Toward a New Agenda*. Washington, DC: CQ Press, 235 – 239.

Schwartz, J. 2004. "Environmental NGOs in China: Roles and limits," *Pacific Af-
    fairs* 77 (1), 28 – 49.

Turner, J. 2004. "Small Government, Big and Green Society: Emerging Partnerships
    to Solve China's Environmental Problems," *Harvard Asia Quarterly* 8, 28 – 49.

中国第三部门研究　第 16 卷
第 76～99 页
© SSAP，2018

先赋与诱导：政府购买服务环境下
社会组织行动策略研究*

许　源**

摘　要：随着政府购买服务成为观察政府与社会组织互动关系的切入口，社会组织为维护自身利益的行动策略也日益受到关注。政府购买服务"制度－技术"环境为社会组织行动提供了活动空间。官办社会组织、民办社会组织为承接政府购买服务、获取政府购买环境中的有利位置，依托组织属性和资源，分别采取不同的组织行动策略。官办社会组织在政府购买环境中采取制度化结构、网络化联盟、体制内试验、项目化管理等行动策略，属于先赋型行动，依赖并借助政府部门的强势支持，获得了天然的制度合法性及其资源。民办社会组织在政府购买环境中采取资源化导向、社会化动员、行政性嵌入、商业化思路、专业化定位等行动策略，属于诱导型行动，根据具体的环境主动或被动调整组织行动，以获取组织生存

---

*　基金项目：中央高校基本科研业务费专项资金资助项目（531107040997）。
**　许源，湖南大学法学院公共管理系助理教授，上海交通大学公共管理博士，主要从事政府购买公共服务、社会组织管理、社会治理的研究，E-mail：jsxy1221@126.com。

和发展的关键资源。社会组织行动策略是平衡政府购买环境中有利因素与不利因素的重要机制。

关键词： 政府购买社会组织服务　"制度－技术"环境　组织身份　行动策略

一　问题提出

《国务院办公厅关于政府向社会力量购买服务的指导意见》颁布以来，各省市政府纷纷出台政府购买服务的法律法规，制定向社会组织购买服务的基础框架。政府购买实践中，各级政府部门、事业单位、群团组织等作为购买方参与其中，大量的民办非企业单位、社会团体等社会组织作为承接方被卷入其中。如火如荼的政府购买服务成为社会组织提供公共服务的制度化渠道，也成为分析政府与社会组织互动关系的重要切入口。

政府购买服务所形成的环境，对社会组织的发展产生着影响。我国社会组织发展的整体环境，虽然日益改善，却仍存在制度合法性不足、资源缺乏这两大困境。具体到政府购买的环境下，社会组织领域的制度安排存在顶层设计不足、实践中有很强的"权宜性"和"碎片化"的特征（周俊，2014；黄晓春，2015；徐家良，2016），即各级政府在设计关乎社会组织发展的关键制度时，大多遵循"事本主义"原则；此外，不同部门、不同地区的政府间缺乏协调与制度集合。

那么，在既有的政府购买环境下，为获取组织利益，社会组织会采取哪些行动策略？不同类型的社会组织的行动策略会有哪些差别？当然，任何一个组织必须适应其所处的环境才能生存。环境对组织行动有引导和约束作用，但组织也会为获取环境机遇和摆脱环境约束做出努力。本研究关注的核心问题是：政府购买服务的环境下，社会组织的行动策略都有哪些？具体而言，不同的环境主导下、不同类型的社会组织分别具有哪些行动策略？这些行动策略体现出社会组织哪些组织特征与发展中的张力？

本研究以上海 A 区政府购买服务为具体的购买环境，分析不同类型的社会组织为获取组织利益所运用的行动策略。上海 A 区作为国内政府购买服务的肇始地，较早开始了政府购买的制度化建设，具有丰富的政府购买的实践。以上海 A 区政府购买服务为具体环境，分析社会组织的行动策略，有助于增进对我国政府购买服务影响下社会组织的认识。

本研究重点调研了 A 区社区公益招投标的政府购买服务、四个街镇的基层政府购买服务，于 2013 年 4 月至 7 月对 A 区 2011 年度社区公益招投标项目 29 家中标社会组织进行深度访谈，2014～2016 年又陆续对 A 区相关政府官员进行深度访谈，对 ZZ 社区服务社、EA 老年协会、QC 公益服务社、XT 社区促进社、HB 养老服务社、RX 社区服务中心、LQ 社工服务社、XF 社区服务社等 8 家社会组织做了重点调研。本研究将采取多案例分析的方式，概括出不同类型社会组织的行动策略。

二　文献回顾

我国社会组织受到制度和资源的双重约束。但"同一"的环境对于不同类型的社会组织而言，行动空间所蕴含的机会与约束不同。社会组织必须依托组织自身特征与优势，采取适应性的行动策略来获取发展空间。

制度同形化理论指出，迫于合法性压力，处于高度制度化环境中的组织通过强制、模仿、规范等机制，在组织结构和行为上越来越出现组织趋同现象（DiMaggio & Powell，1983）；并且，伴随着制度合法性与组织之间的结构性矛盾，组织会出现组织正式结构与实际生产活动之间的脱耦现象（Meyer & Rowan，1977）。沈原、孙五三（2001）以中国青基会为案例，关注我国官办社团"形同质异"的组织特征，发现官办社团虽有"社团法人"的社会身份，但对政府体制有强烈的依赖。

田凯（2004）提出"组织外形化"的概念，阐释官办慈善组织为获取"体制"与"市场"的二重合法性，在组织结构和资源动员策略上发生的"适应性变形"是组织的理性生存策略。相比于官办社会组织的政治合法性的天然获得，民办社会组织，特别是草根社会组织，在争取组织利益时必须注意"远离政治"，其策略更具有"非政治性"。张紧跟、庄文嘉（2008）分析，草根社会组织为实现组织目标以及影响政府，采取与政府官员建立私人关系、通过非正式渠道游说、以行动合理性谋求身份合理性等非正式政治的行动策略。唐文玉、马西恒（2011）将民办社会组织的生存策略概括为"去政治的自主性"，即社会组织压缩公共利益表达功能、专注于政府所支持的公共服务领域，通过分散的资金来源、广泛的社会基础、较高的组织能力等获取组织自主性。

资源依赖理论则提供了另一种解释组织行为的有利视角。组织的首要目标是生存，为获取资源会对外部关键的组织产生依赖关系（Pfeffer & Salancik，1978）。因此，组织必须想办法降低对外部关键资源供应组织的依赖程度。在资源交换中形成的组织间权力与依附关系下，组织会以增选机制、设立合资企业、建立组织联盟等方式来管理自我行动策略，以增强其独立性和追求自己的利益（斯科特、戴维斯，2011）。邓宁华（2011）对我国两个省级体制内社会组织行动策略进行深度分析，把体制内社会组织凭借其体制内身份特点而平衡对国家和社会环境的在合法性和经济资源的双重依赖上的策略，形象地概括为"寄居蟹的艺术"。Jing 和 Chen（2012）发现购买服务中部分社会组织通过非正式合作的模式与政府建立了管家模式，相对稳定地获取政府资源，也形成了严重的依赖以及模糊的组织界限。Yang（2005）分析环保组织在不同资源环境中互动时，发现组织创业者在资源动员方面发挥着关键性作用，并且组织联合政府、媒体、网民和国际组织等多个主体的力量来获取组织资源、实现组织目标。而部分非营利组织在获取资源的过程中，通过制定机构战略规划、建立独立的财务审计、完善定量的项目评估、增加机构的全职人员等策略，提升组织的理性化程度、职业化水平，以期望在竞争中胜出（Hwang & Powell，2009）。

获得制度合法性、组织关键资源等行动策略，核心目标在于增强组织的自主性。Ma（2002）对 1978 年以来中国非营利组织的自主性进行研究，认为由于政治和意识形态的限制，非营利组织无法获得完全的自主性，但是在承担更多的社会责任方面，可以与政府部门之间形成相互依赖的关系。Spires（2011）在研究中国草根组织与政府关系时，也揭示了两者之间类似的互利共生关系，发现在管理权威碎片化、以地方审查为主时，草根组织通过限制其民主化的价值诉求、强调社会服务的功能，能够使其成为当地政府的合作伙伴。在政府购买服务的合作模式下，社会组织自主性的获取也并不容易。王名、乐园（2008），王浦劬等（2010）学者认为政府购买服务中存在形式性购买、购买行政化严重的现象，部分社会组织被视为政府部门的延伸和基层单位。社会组织自主性的问题是复杂的。正如王诗宗、宋程成（2013）的研究发现，虽然社会组织不可避免地在各方面依赖国家，然而，社会组织依然可能享有各种实际的自主性与独立性，我国社会组织总体呈现"依附性自主"的特征。

在实践中，并不是所有社会组织都有"回避政治"、获取自主性的主观意识，特别是承接政府购买服务的社会组织，其入选本身已经说明了"合法性"和"资源"的顺利获得。政府购买中的社会组织行动策略更具有机会主义或权宜主义的倾向。黄晓春、嵇欣（2014）认为，社会组织为获取自主空间和组织发展所采取的行动策略是"策略性应对"，包含多部门寻找项目、分散区域注册法人、发展复合型组织结构、跨界汲取资源等行动。吕纳、张佩国（2012）认为政府购买服务中政社双方是非对称依赖关系，政府自创组织和体制内组织处于转型期，在面对政府要求时，其策略是积极响应国家的合法性要求，先采取依赖、被动遵守等方式，再进行组织拓展，社会组织的行动逻辑是策略性选择的。李春霞等（2012）分析，面对政府购买服务中的政府体制嵌入，社会组织利用政府的组织机构、吸纳政府退休人员、把"跑项目"设为组织目标，对政府行动积极做出回应，以便更好地获取资源。Considine（2003）认为在政府购买服务的供给中，社会组织运用了综合性的服务供给策略，例如，投入更多人力、减少对单个客户的需求满足、采取服务更容易的客户的撇脂策略，而这些行动策略的结果则是多元的。

现有关于社会组织的行动策略研究是相对丰富，也是相对零散的，缺乏对社会组织行动策略的具体情境、具体组织类别的更加细致的讨论。任何组织的行动策略都发生于具体环境之下。忽略具体环境的分析，就无法理解组织行动策略发生的逻辑。此外，忽略组织身份的讨论，仅侧重于从单一案例中得出社会组织行动策略，也无法代表形态各异的社会组织。本研究尝试聚焦于上海市 A 区政府购买服务的具体环境，分析具体环境中不同类型社会组织所采取的行动策略。

三　分析框架

（一）分析概念

1. "制度—技术"环境

制度环境、技术环境的区分源自组织分析新制度主义。该理论认为，制度环境是那些以政府以及授权的调节机构、专业协会或行业协会等为来源形成的以规则和要求为特征的环境；技术环境是组织生产产品和服务、在市场中进行交换，因对其生产系统有有效和充分的控制而能获取回报的组织环境（斯科特、迈耶，2008）。本研究沿用这一定义，认为政府购买服务环境同时包含着制度环境和技术环境。政府购买服务的制度环境以政府出台的法律法规、政策文件、实践惯例等构成的制度体现，其与组织合法性密切相关；政府购买服务的技术环境以直接与公共服务相关的专业技能、技术标准、专业规范等技术形式体现，其与组织生产效率密切相关。

政府购买服务的"制度—技术"环境，是社会组织承接政府服务的综合环境，一方面，政府购买场域中存在着的相关法律规范、政策文件、实践惯例等为购买服务设定了制度框架和活动边界；另一方面，政府购买服务场域具有专业化的要求，需要社会组织充分体现其不同于政府的服务专业性，提升公共服务的质量和效率。简言之，政府购买服务的"制度—技术"环境，是由制度规范和专业规则共同构成的社会组织行动空间。

2. 组织身份

"组织身份"是组织成员对本组织自我参照性的定义，回答"我们是什么样的组织"（Whetten，1985）。我国的社会组织类别纷繁复杂，需要一些基础性维度对组织加以区分。依据组织生态学的观点，由于组织内部的成本沉淀、利益交织、习惯行为、外部管理约束等组织形态的惯性，某种类型的组织创建时的基本结构特征会长期保持不变，并影响其组织行为（Hannan & Freeman，1993）。结合我国社会组织的组织烙印，从组织创立时创办人身份、机构资金来源、机构运作的自主性等维度，本研究把政府购买服务中的社会组织分为官办社会组织、半官办社会组织与民办社会组织三类身份。官办社会组织，主要指由政府（例如镇街等基层政府或其派出机构、政府职能部门）完全出资创建、负责拨付资金和决定人员任免；半官办社会组织，主要指政府在职人员兼任机构职务，或者由政府退休人员创办，由于人员在体制内任职积累了体制资源，有较为固定的政府购买服务；民办社会组织，主要以民间资本举办为主，社会人士创业，人员、财务等有自主决定权。在政府购买服务的环境下，不同身份的社会组织获取政府订单的机会和限制不同，其所采取的行动策略存在差异。组织身份是理解"制度－技术"环境下组织行动策略选择的重要区分机制。

3. 行动策略

组织环境通过制度规范、资源引导等机制对组织产生激励与约束。

虽然环境对组织有强大的制度同形压力、资源依赖影响，但组织有自身的组织原则和利益诉求，会采取相应的行动策略，获取组织最大化利益。本研究把社会组织为了获取组织利益最大化所采取的各种行动方式，统称为行动策略。从行动者的角度，组织必须处理与环境中的规则制定者、组织内部的利益相关者、同领域的竞争者等多重关系。在政府购买服务环境下，社会组织的行动策略也必然是多面向的。

（二）主要逻辑

本研究认为分析政府购买服务中社会组织行动策略，除了需要关注微观行动者及其行动策略，还需将社会组织置于政府购买服务的"制度—技术"环境这一宏观环境背景下，以及引入"组织身份"这一中观作用机制，建立"'制度－技术'环境—组织身份—行动策略"的分析框架。该分析框架的主要逻辑包括以下几点。

（1）政府购买服务的组织环境是复杂的，制度要素和技术要素在不同情境下占据主导或辅助地位。对于社会组织而言，政府购买服务的环境是多维度的。由法律法规、制度规范、实践逻辑等规则和要求，构成政府购买服务的制度环境；在政府的需求限制和社会组织的供给限制下，公共服务领域的技术标准、专业人才、服务绩效等构成政府购买服务的技术环境。更强调制度规范的领域中，例如要求完成大规模的项目指标、要求与购买方有更多信任关系，制度要素会占据主导地位；更强调技术规范的领域中，例如要求深度的专业化服务、期望创新的方式来解决问题，技术要素会占据主导地位。政府购买服务的制度环境和技术环境并非相互排斥，两者共同存在，一方相对占据主导作用。

（2）社会组织具有能动性，结合其组织身份和优势，在不同环境下会适应性地选择相应的行动策略。为获取组织利益、占据环境中有利位置，政府购买服务环境中的社会组织会有选择地运用相应行动策略。在制度环境主导下，社会组织会加强制度合法性的因素，按照政府逻辑、而非组织效率逻辑完成公共服务的生产；在技术环境主导下，社会组织会集中组织所有精力控制和协调组织的技术过程，提升组织内部的服务生产质量、优化服务生产的流程，使服务能有效实现预期目标，用更专业化、差异化的服务凸显社会组织优势。

（3）组织身份是连接"制度－技术"环境和社会组织行动策略的中介机制，在很大程度上已经确定了不同身份的社会组织的特征与优势，暗含着其与何种环境更为契合、选择何种行动策略。组织身份中包含组织初始的特征与优势，暗含着其在何种环境中能占据有利位置。与此同时，不同身份的社会组织会选择与其优势相契合的购买环境，充分发挥组织的特长。例如，官办、行政化的社会组织天然地具有制度合法性，在制度要素主导的环境中更具有优势；民办、专业化的社会组织具有技术优势，在技术要素主导的环境中更具有优势。组织身份是社会组织运用不同行动策略的重要影响因素。

如前文所述，制度和技术都是影响组织行动策略的重要因素，但是在两因素共存时，通常存在某一因素占据主导地位、另一因素占据辅助引导地位的情况。政府购买服务环境下，在制度规范影响较大、技术要求较低的领域，或者在制度规范影响较小、技术要求较高的领域，不同身份的社会组织呈现的行动策略是差异化的。本研究将重点分析"制度主导－技术引导"购买环境下、"制度引导－技术主导"购买环境下的官办社会组织与民办社会组织的行动策略。

四　政府购买服务环境下的社会组织行动策略

（一）官办社会组织的行动策略

1. "制度主导－技术引导"环境下的官办社会组织行动策略

作为服务购买者，政府部门为购买服务制定了基本的制度框架，以约束政府购买服务的内容、方式、资金拨付、绩效评价等关键要素。在部分政府购买服务中，政府从购买需求上即确定了限制性框架，具体表现为明确列明购买服务的事项、服务对象及任务指标。以 2011 年上海市民政局社区公益招投标的购买服务为例（见表 1），政府购买范围的细化规定，特别是在项目内容、数目和经费上欠缺灵活性的要求，对社会组织承接服务产生实质性约束。

表 1　2011 年度上海市社区公益服务项目目录及基本指标（节选）

年度	项目名称	受益人群	项目目标	项目服务主要内容	项目参考单价
2011 年	老年人健康干预服务项目	60 岁及以上老年人群，最低受益 3000 人	1. 帮助老年人形成科学、健康、文明的生活方式。2. 增强和增加老年人在健康生活方面的意识和知识储备。3. 提供健康生活方式咨询培训服务，帮助老年人更好地掌握相关健康技能，推广"健康生活，自己有责，身体力行，互助康乐"的健康理念。4. 通过个案服务的方式，提升有特殊需求老年人的健康水准	1. 每周开展科学、健康生活方式指导和咨询。2. 每周开展心理咨询和辅导活动。3. 每月请专业人员对受益对象进行家庭照料指导和交流。4. 每月开展健康专题论坛讲座。5. 每季度聘请健康管理师为会员讲解健康的生活方式。6. 为部分有特殊需求的老人提供个案服务。7. 组织六大慢性病、常见病健康干预小组。8. 在社区建立老人服务体验馆，提供基本的健康干预服务。9. 建立健康互助小组，建立老人健康生活方式档案，每月对其中 90 岁以上的老年人提供上门咨询检查服务	参考价：3000～10000 人，120～85 元/（年·人），其中，6000 人以下，120 元/（年·人）；6000 人以上，85 元/（年·人）。

资料来源：2011 年《上海市民政局关于社区公益服务项目目录及基本指标等有关事项（试行）的通知》（沪民计发〔2011〕102 号）附件《上海市社区公益服务项目目录（试行）》。

政府购买服务具备项目制治理的特征。政府部门以合同约定购买要求，体现其追求数字绩效的期待，往往期望覆盖较大规模的服务对象。在限制性和封闭性的项目结构、数目化的考核体系下，社会组织并不需要发挥差异化、创新化的服务能力，而需要完成政府所期望的"大数目""普遍覆盖"的任务指标。并且，从购买内容的专业性来看，政府由其工作人员单方提出的需求是作为非专业人员的一般想象，大多数在特定服务领域的社会组织都具有实现的可能。这样的政府购买环境下，满足政府购买制度的规定、遵循制度的规范是首要的，而技术性的要求并没有那么突出。在"制度主导－技术引导"的环境下，官办社会组织具有强烈的组织优势，依托其组织身份，表现出以下组织行动策略。

策略一：制度化结构——吸纳体制内人员，综合运用行政资源和社会化身份

近年来，官办社会组织成为承接政府购买服务的重要力量。官办社会组织具有"社会团体""民办非企业单位"的社会化身份，为官办社会组织承接政府购买、筹集社会资源构建了社会合法性。而同时，官办社会组织的成立缘由、理事会构成、组织资源从成立之日起就带有政府的烙印。组织资源，特别是体制内散布于各个社区的居委会、村委会、志愿者等，被吸纳入官办社会组织的项目运作系统，成为其运作团队的中坚力量，也是其区别于民办组织的先天优势。

以 EA 老年协会为例，其是近年来 A 区政府购买服务中活跃的官办社会组织，2008 年以社会团体的法人身份登记注册，在市区民政局的授意下开展老年服务。协会的 H 会长曾担任 A 区区委宣传部长、A 区人大常委会副主任，协会多数理事为退休政府官员，理事会领导下设综合服务部、维权服务部、老年志愿者部等部门，并有区、街镇、村居三级组织网络。各街镇老年协会是 EA 老年协会的团体会员，各村居老年协会是区各街镇老年协会的团体会员。2011 年，时任 A 区民政局局长为老年协会授旗，成立区老年志愿者大队。老年协会、志愿者队伍是一套班子、两块牌子，EA 老年协会是老年志愿者大队，各街镇老年协会为老年志愿者中队，各村居老年协会为老年志愿者小队。区、街镇、村

居三级老年协会、三级老年志愿者队伍建立。2013 年底，在 EA 老年协会登记注册的老年志愿者已有 41461 名。① EA 老年协会的志愿者以三级网络的形式散布在各街镇、各村居，为 EA 老年协会推行各种为老服务奠定了人力基础。在政府购买服务覆盖的地域较广、完成指标量较大、服务的专业化要求不高的情况下，老年协会的行政化组织网络具有极强的优势，可动员大量行政资源，能够便利其承接大量项目。

策略二：网络化联盟——形成体系内组织网络，行政化分解和推进项目任务

官办社会组织构建了体系内或区域范围内的组织网络联盟，成为体系内或区域内二级资源网络的枢纽型组织，通过行政化方式分解服务指标、推进和监督项目进展。

仍以 EA 老年协会为例，协会曾在一年内承接 20 多个政府购买服务项目，项目覆盖地域广、指标量大。作为一个行政力量推动成立、人员构成以退休人士为主的社会团体，如何在一年内按照项目标书严格完成项目？EA 老年协会、街镇老年协会和村居老年协会的三级管理网络，还有三级的志愿者队伍，在项目实施中以行政化的方式高效地完成了项目指标。EA 老年协会是政府购买项目的直接承接法人。中标之后，EA 老年协会与街镇老年协会对接，签订"某某项目的实施委托书"。EA 老年协会负责整个项目的统筹管理、协调督促、经费管理等，街镇老年协会制定具体的实施方案，在社区组织挑选管理骨干、志愿者等，具体完成日常工作。

官办社会组织构建的组织网络，除了体系内网络，还出现地域性网络。QC 公益服务社成立于 2012 年，是由街镇社会组织服务中心和个人出资成立的民办非企业单位，但其实质上是街镇社会组织服务中心的代表。QC 公益服务社承接政府购买订单后，以网络化形式分包服务，由街镇的居家养老服务中心、助老服务社、老年协会、助残服务社等辖

---

① 来自 EA 老年协会内部资料《老年志愿者大队助老服务的做法与体会》，2015 年。

区内官办社会组织来具体实施服务。QC 公益服务社类似街镇范围内一家服务与管理辖区内社会组织的官办支持性组织，起到社会组织管理、公共事务服务、供需对接服务的平台作用。可见，借助政府购买服务，部分官办社会组织成为体系内或地域内的资源汇集中心和二级分配中心，搭建区域性官办社会组织网络，与体系内、地域内官办社会组织形成依赖共生的关系。

2. "制度引导 – 技术主导"环境下的官办社会组织行动策略

技术主导的政府购买环境下，项目的专业性被突出强调，购买目标的达成需要专业人员运用专业技术来实施项目过程。作为承接服务的社会组织，仅需要符合基本制度要求，就可把更多的精力集中于控制和协调组织的技术过程。具体而言，政府部门从购买内容和项目形式上提出专业化需求：购买内容涉及老年人身体康复、社区矫正、戒毒、问题青少年教育、自闭症等疾病治疗等方面，项目方法要求运用社工、心理咨询师、康复师等专业人士采用专业技术。一般而言，政府购买中技术要素占据主导，对社会组织的项目设计、项目团队的构建提出要求，社会组织也会在项目方案设计、人员配置、项目管理等方面采取相应的行动予以回应。而政府购买中制度要素则被弱化，购买需求打破数目化、封闭化的特点，政府部门更期待社会组织发挥其创新及专业的特征。在"制度引导 – 技术主导"的环境下，官办社会组织表现出以下组织行动策略。

策略一：体制内试验——嫁接常规服务，尝试创新项目，寻求专业化突破

相比于民办社会组织，官办社会组织受到政府的大力支持，往往有特定政府部门的较为稳定的政府资助，承接计划外的政府购买服务项目是其开拓多元化资源、寻求组织专业化发展、探索机构转型的突破路径。在提供常规服务的基础上，以政府购买服务为契机，部分官办社会组织更深层次地挖掘了常规服务的项目模式，开拓和深化了服务的范围和内容，并锻炼了专业人才队伍的专业能力。

以 ZZ 社区服务社为例，其是政府扶持的专业社工机构。机构所实

施的禁毒社工项目、矫正社工项目、青少年社工项目由 A 区政法委每年固定购买服务，即机构的运营经费和社工工资待遇等有固定的政府资助。日常工作的开展中，机构发现禁毒、矫正、青少年三个专业具有交叉地带，于是梳理服务体系，设计"边缘家庭关爱计划项目"，为父母一方或双方是药物滥用、社区矫正、安置帮教人员以及子女为 16～25 岁的青少年的边缘家庭提供服务，中标上海市公益创投项目并实施。ZZ 社区服务社的边缘家庭项目是其在体制内的试验性项目。借助其已经在各个社区开展的社工队伍，在常规工作之外增加体制外、零散的政府购买服务，不断创新项目。

策略二：项目化管理——凭借覆盖街镇的社工网络，项目化推进政府购买

专业型官办社会组织建立了以高校毕业生为主体的社工队伍，其人员的专业性较强，能够以规范的项目管理方式提供政府购买的服务，适应技术要求高的政府购买环境。而项目化管理则是部分专业官办社会组织的一般组织行动策略。

ZZ 社区服务社在 A 区 36 个街镇都组建了基层社工组，由各社工组的社工提供日常服务。在承接政府购买服务中，机构充分利用其覆盖全部街镇的社工网络优势。"边缘家庭关爱计划"项目中，ZZ 社区服务社建立了项目指导小组、项目工作组、基层项目运作团队的组织框架。项目指导小组由总干事和副总干事共同规划项目，"边缘家庭"项目工作组又下设"个案服务"工作小组、"小组活动"工作小组、"社区关爱活动"工作小组。基层项目运作团队由 41 名社工、44 名志愿者构成。社工和志愿者在项目实施街镇具体开展个案服务工作，在小组工作督导和协调人员的组织带领下完成相应小组活动，在社区工作督导和协调人员的带领下完成社区活动。[①] 项目组定期召开项目例会，推进项目的执行；设立项目考核制度，按照项目执行进度表组织考核，确保项

---

① 来自 ZZ 社区服务社内部资料《项目管理资料》，2011 年。

目的执行力度和质量保证。在承接 A 区社区公益招投标项目中，ZZ 社区服务社呈现规范的项目化管理，而这是其日常承接政府服务的组织架构和社工能力的移植，也充分满足了技术要素主导的环境要求。

（二） 民办社会组织的行动策略

1. "制度主导－技术引导" 环境下的民办社会组织行动策略

地方政府行动体系中 "条" "块" 和党群部门三类制度主体，即各级业务职能部门、地方政府、工青妇等党群部门 （黄晓春、嵇欣，2014），都广泛参与政府购买服务。制度主体的多元，意味着资源市场的碎片化分割；政府内部的条、块、党群等职能分工，更是促使购买中的资源呈现高度部门化和层次化。并且，各级各类制度主体都会提出独立的制度要求，形成复杂的甚至是冲突的制度规范体系。政府购买中资源市场的碎片化分割、制度逻辑的多元很大程度上影响社会组织的行为，促使社会组织必须聚焦于资源的整合、适应不同的制度规范。此外，政府所期待的短期内完成 "大数目" "普遍覆盖" 的任务指标、数目化的考核指标，对于人力资源及网络体系不足的民办社会组织而言，形成先天的进入门槛和后天的巨大压力，也促发了民办社会组织的应对性策略。在 "制度主导－技术引导" 的环境下，民办社会组织表现出以下组织行动策略。

策略一：资源化导向——以资源整合为导向，调整组织的管理模式

政府购买服务的资源碎片化较为严重。不同层级、不同部门的政府所投入的资源高度分散。社会组织为了整合区域内资源，统筹安排组织的人力配置，依据资源整合的思路，把管理模式从部门化设置向区域化设置调整。

LQ 社工服务社成立于 2003 年，是上海最早成立的专业的民办社工机构。自成立起，LQ 社工服务社逐步发展综合化的社工工作服务，分别成立青少年服务部、长者服务部、社区服务部、真新服务部，为青少年、长者和社区提供服务。自 2015 年，基于对市场资源的判断，LQ 社

工服务社决定将组织的部门化管理调整为区域化管理，即从以服务对象为基础划分部门到以资源为焦点划分服务片区、提供社区综合服务。区域总监在独立预算和考核指标的压力下，必须更多地考虑获取资源，而不是把重心放在服务的专业提升上。

> 现在改成区域化，好处是区域化资源的利用和整合，可能会对全盘的东西有更多考虑，包括人员运用、项目合作、资源共享。这并不代表部门化不可以，以前用部门划分，没有很好地利用资源，现在换个形式。之前是专业和项目的思路，现在是资源整合的思路。（LQ 社工服务社 Z 区域总监访谈，2015 – 12 – 25）

因重视资源而弱化服务的情况并不少见。资源依赖理论认为组织生存是组织第一要务，而组织无法独立生产关键资源。社会组织在政府购买环境下，调整组织的部门设置，甚至以资源为导向在不同区域登记注册，这是部分民办社会组织在制度环境主导下的行动策略。

策略二：社会化动员——构建服务的志愿者网络，挖掘社区服务的人力资源

社区志愿者是社区治理、公共服务的当地参与者，是社会组织进入社区开展服务可以借助的重要人力资本。民办社会组织往往借助或建立社区志愿者网络，通过组织的专职项目人员担任项目管理、以志愿者为主体开展服务，完成政府购买服务中指标量较大、服务专业性较低的项目任务。

XT 社区促进社是一家由社会力量发起、专业从事社区健康促进和能力建设的社会组织。"常青藤生活馆"是其较为成熟的品牌。常青藤的场馆运营模式是，由街道、社区、XT 社区促进社、企业、居民代表组成的顾问委员会负责场馆的规则和决策制定，挖掘和培育社区本土社团、领袖组建运营团队来负责场馆的日常运营，孵化和培育社区自组织来共创场馆的服务项目，由馆内到馆外，引导社团、居民参与公共生

活，关心社区问题，积极参与制定解决方案。① XT 社区促进社把发现和挖掘的社区领袖或志愿者称为"健康大使"，把社区赋权作为重要策略，建立"生活馆—俱乐部—家庭"的服务模式。

"健康大使"和赋权动员的模式在 XT 社区促进社承接 A 区社区公益招投标项目中也加以运用。每个社区公益招投标项目中，XT 社区促进社作为项目的管理支持，由 1～2 名专职工作人员进驻社区、发现和挖掘社区领袖，建立志愿者队伍，培育社区自组织，指导和支持老年人开展健康知识传播、社会交往、心理慰藉等社群性活动。社区公益招投标项目中，因大量社区志愿者的参与并承担主要活动，XT 社区促进社仅需要少量人员管理和推动项目进度，这样的项目模式使得政府购买服务的大数目指标得以完成。类似 XT 社区促进社的"健康大使"，社会组织往往招募社区志愿者和实习生等兼职人员参与购买服务项目的实施，一方面补充社会组织专职人员不足的困难，另一方面也借助和调动当地的社区资源，以便于项目的顺利实施。

策略三：行政性嵌入——嵌入居委会等行政体系，借力行政化分解服务指标

民办社会组织要进入政府购买服务的项目实施地，往往需要通过街镇、居委会建立与社区居民之间的联系。居委会就如进入社区的"看门人"，对社区外的民办社会组织进入社区服务非常关键。其关键在于：居委会是资源渠道。政府购买服务所针对的老年人、残疾人、困难人群等弱势群体的基本数据都掌握在居委会手中。社会组织必须通过居委会找到服务对象的基本信息，才能与服务对象建立联系。并且，居委会是社区居民易信任的组织。社区之外的民办社会组织无法获取社区居民的信任，由居委会作为介绍，在很大程度上是对社会组织行动的"背书"，居民更加容易信任和接受。

在政府购买服务中，项目落地的街镇和居委会的支持就非常重要。

---

① 来自 XT 社区促进社内部资料《2014 年年度报告》，2014 年。

一年期的政府购买项目，很多民办社会组织往往需要 2~3 个月才和社区居民建立联系。共计 12 个月的服务期限，去除评估等时段，只有不到 10 个月的具体服务时间。民办社会组织只有借助居委会，才能顺利实施项目，并避免居委会人员对其落地的排斥和阻碍。此外，在政府购买服务的量化考核、大指标任务的压力下，民办社会组织也倾向于和居委会合作，把项目合同中的部分服务借助居委会的平台来提供，把讲座、培训、沙龙等形式的服务嵌入居委会的日常活动，把居委会干部纳入项目志愿者的队伍，在一定程度上依靠居委干部和社区志愿者共同完成合同指标。民办社会组织在服务中主动嵌入行政化运作，从而在某种程度上构建行政化的服务网络。

2. "制度引导－技术主导"环境下的民办社会组织行动策略

项目化的政府购买服务存在系统性风险，即其是不稳定的制度化运作。造成购买服务系统性风险的原因包括项目的短期性、主管领导对于购买重点的转变、街镇的预算分配调整、资金的稳定与否、购买资源的垄断性等。政府购买市场具有不稳定性、不可预期性的特征。在这样的制度引导下，社会组织必须注重自身能力的提升、项目模式的提炼，以增强组织专业化要素和扩展各类购买市场。此外，政府购买服务中对于社会组织专业化的引入，还表现为发挥社会组织与政府的差异化、创新化服务的作用。在"制度引导－技术主导"的环境下，民办社会组织表现出以下组织行动策略。

策略一：商业化思路——以政府购买为基础，提升组织市场竞争力

为应对政府购买服务的制度风险，民办社会组织趁着承接政府购买服务大力拓展的时间，加快核心产品的开发和多元资源市场的开拓。

HB 养老服务社是上海知名的为老服务机构，成立于 2009 年。在上海的为老服务领域，每个街镇都有政府举办的居家养老服务中心及其下属的助老服务社，为符合条件的老人提供家政服务。HB 养老服务社采用差异化的服务策略，逐步探索确定机构的主要业务是为老人提供护理、康复等专业化服务，老人日间照料中心等委托管理服务，以及不

断根据老人的新需求开发新的服务产品。以护理业务为例，HB 养老服务社根据老人疾病情况和生活自理能力评定，将护理服务分为轻度、中度、重度三个护理级别，以按照护理级别来设置护理费用，并设置严格的护理服务流程，注重整个护理体系的建立和维护，还建立了机构的全职、兼职护理员队伍。

经过初创期的组织定位和艰难发展，HB 养老服务社从 2009 年承接 A 区社区公益招投标项目，开始迎来组织发展契机，承接大量的社区公益招投标项目和街镇购买服务项目。到 2015 年，HB 养老服务社的资金构成中政府购买服务占 46%。但是，HB 养老服务社对政府资源的风险有一定判断，制定了增加服务收入的资金发展思路，通过市场收费、发展老年个体会员来减少对政府资金的依赖。在承接政府购买服务中，HB 养老服务社以政府购买为依托，与社区老年人建立联系，提供较好的护理和康复服务。当政府购买服务结束时，动员对服务满意的老人继续购买机构的服务。至 2015 年，市场收费已占 HB 养老服务社资金总额的 43%。对于民办社会组织而言，在政府购买和市场收费之间寻求合适的比例，是机构资金多元化和自主性的需要。

策略二：专业化定位——以组织优势为核心，重建环境中组织布局

政府购买服务中，官办社会组织和民办社会组织之间的竞争是真实存在的。当民办社会组织进入一个社区内，新组织的进入就意味着对原有体系的打破，或者至少是一种压力和威胁，影响已有组织在体系内的机会和位置。民办社会组织围绕自己的利益行动，也必须考虑其他组织行动者的利益。通过找到本组织、当地政府部门、区域内或体制内原有社会组织等之间的合适定位，把各行动者联结起来，民办社会组织重建了场域内的组织分工布局，建立自己的有利位置。

LQ 社工服务社自 2007 年与 A 区统战部合作，试点民族社会工作服务项目，从专业化和社会化角度提供少数民族群体服务。LQ 社工服务社项目组刚进入街道时，当地政府部门和官办社会组织有比较大的困惑："社工来了，我们是不是也要没事情干了？（他们）抢活干了。社

团、社工和统战部门三个职位和岗位的定位是什么？"（LQ 社工服务社
A 区域总监访谈，2015 - 12 - 25）LQ 社工服务社进入社区开展工作也
遇到一定阻碍。通过梳理自己和相关组织的定位，LQ 社工服务社认识
到，很多统战的工作仍然需要官办社会组织来做。LQ 社工服务社并不
希望因他们的进入，原有的官办社会组织少数民族联络组就不做事，也
不希望少数民族联络组阻碍其探访服务对象。LQ 社工服务社明确知道
作为社工机构，进入社区后自己所扮演的角色是政府助手和资源整合
者，和原有政府部门、官办社会组织的职能并不冲突，更重要的是帮助
其他主体厘清各自职能，以提升机构在社区的接纳程度。在承接政府购
买服务中合理地设定组织定位，甚至帮助其他社会组织找准角色、发挥
功能，LQ 社工服务社不仅顺利在社区开展自身的专业服务，而且把其
他社会组织作为社区资源的共同体来发挥服务社区的功能。

五　结语

政府购买服务的"制度 - 技术"环境是复杂的、多元的。在貌似
"同一"的政府购买环境下，因组织身份的差异，以及随之而来的机会
与约束不同，官办社会组织和民办社会组织呈现不同的组织行动策略
（见表 2）。

表 2　政府购买服务环境中的社会组织行动策略

组织行动策略		环境类型		
		"制度主导 - 技术引导"环境	"制度引导 - 技术主导"环境	整体政府购买环境
组织身份	官办社会组织	制度化结构 网络化联盟	体制内试验 项目化管理	先赋型行动
	民办社会组织	资源化导向 社会化动员 行政性嵌入	商业化思路 专业化定位	诱导型行动

资料来源：本表由作者根据本研究内容自制。

　　官办社会组织在政府购买环境中的制度化结构、网络化联盟等行动策略，本质上还是依赖并借助政府部门的强势支持，获得了天然的制度合法性及其资源。官办社会组织的行动策略是先赋型①的，即在其成立之日起、不需要努力即可享有资源的环境下，官办社会组织不需要依据具体的环境来调整组织行动策略，而只需按照政府指定的逻辑、内容和方式来运作。当然，官办社会组织内部也出现了体制内试验、项目化管理的行动策略，这是少数官办社会组织对于竞争压力所做出的积极反应。官办社会组织发展的内部张力在于，依赖政府和摆脱政府之间的平衡，如何维持体制内的资源和优势，又能获得组织自治力和专业性、从体制内突围。

　　民办社会组织在政府购买环境中的资源化导向、社会化动员、行政性嵌入、商业化思路、专业化定位等行动策略，都体现了获取组织关键资源的需要。民办社会组织的行动策略是诱导型的，即其必须根据具体的环境主动或被动调整组织行动策略，以获取组织生存和发展的资源。在政府购买环境以政府行政逻辑为主导而忽略社会组织的专业化逻辑时，部分社会组织即主动或被动地放弃组织的诉求，而被政府逻辑所驯服，选择采取能获取政府购买订单的行为模式。民办社会组织的内部张力在于，在政府购买服务强大的制度同形压力下，如何在获取关键资源的同时，坚持组织使命、目标及组织的自主性，避免被制度和资源规训、出现破坏公益价值的投机行为。

　　无论是先赋型行动，还是诱导型行动，社会组织的行动策略都是对政府购买服务环境中有利因素和不利因素的平衡。而组织身份及其附

---

　　①　按照人们获得角色的方式，社会学将社会角色区分为先赋角色和自致角色：先赋角色是建立在血缘、遗传等先天的或生理的因素基础上的社会角色；自致角色则是主要通过个人的活动与努力而获得的社会角色（参见郑杭生，2013：156）。本研究对社会组织进行"拟人化"的概括和分析，官办社会组织的角色和功能是从组织创立之日起就按照其与政府联系设定的，并且组织烙印一直延续，运用行政资源、体现政府行为特征；民办社会组织的角色则更复杂些，是自致性的，在获取关键资源的过程中更容易调整组织行为，因而其行为概括为"诱导型行动"更强调环境要素的作用。

有的组织属性，是对环境因素进行平衡的"过滤器"。政府购买服务需要发挥出不同身份社会组织的优势、规避其不足，对此，本研究提出以下建议。第一，加强对政府购买服务的组织环境分析，优化政府购买服务制度。研究具体的购买服务情境中，制度要素和技术要素对社会组织起到的引导、激励或约束的作用，进而优化政府购买服务制度。第二，重视社会组织身份的差异，实现政府购买服务的分类招标和管理。官办社会组织具有较强的社区资源和行政资源的动员能力，民办社会组织具有较强的专业服务能力，适合完成不同诉求的政府购买服务项目。区分服务需求、服务标的、服务经费的分类招标和管理，有利于发挥不同身份社会组织的特长，提升服务绩效。第三，建立全面的政府购买服务绩效评估机制，有效引导社会组织的价值和行动。构建政府购买服务的"项目绩效提升－社会组织发展"的双重目标，在强调公共服务质量和效率的同时，引导和推进社会组织在价值观、项目、人力、资源等方面的健康发展。

【参考文献】

W. 理查德·斯科特、约翰·W. 迈耶，2008，《社会部门组织化：系列命题与初步论证》，载沃尔特·W. 鲍威尔、保罗·J. 迪马吉奥主编《组织分析的新制度主义》，姚伟译，上海人民出版社。

W. 理查德·斯科特、杰拉尔德·F. 戴维斯，2011，《组织理论：理性、自然与开放系统的视角》，高俊山译，中国人民大学出版社。

邓宁华，2011，《"寄居蟹的艺术"：体制内社会组织的环境适应策略——对天津市两个省级组织的个案研究》，《公共管理学报》第 8 期，第 91～101 页。

黄晓春，2015，《当代中国社会组织的制度环境与发展》，《中国社会科学》第 9 期，第 146～164 页。

黄晓春、嵇欣，2014，《非协同治理与策略性应对——社会组织自主性研究的一个理论框架》，《社会学研究》第 6 期，第 98～123 页。

李春霞、巩在暖、吴长青，2012，《体制嵌入、组织回应与公共服务的内卷化——对北京市政府购买社会组织服务的经验研究》，《贵州社会科学》第12 期，第 130～132 页。

吕纳、张佩国，2012，《公共服务购买中政社关系的策略性建构》，《社会科学家》第 6 期，第 65～68 页。

沈原、孙五三，2001，《"制度的形同质异"与社会团体的发育——以中国青基会及其对外交往活动为例》，载中国青少年发展基金会、基金会发展研究委员会编《处于十字路口的中国社团》，天津人民出版社。

唐文玉、马西恒，2011，《去政治的自主性：民办社会组织的生存策略——以恩派（NPI）公益组织发展中心为例》，《浙江社会科学》第 10 期，第 58～65 页。

田凯，2004，《组织外形化：非协调约束下的组织运作——一个研究中国慈善组织与政府关系的理论框架》，《社会学研究》第 4 期，第 64～75 页。

王名、乐园，2008，《中国民间组织参与公共服务购买的模式分析》，《中共浙江省委党校学报》第 4 期，第 5～13 页。

王浦劬、莱斯特·萨拉蒙、卡拉·西蒙、利昂·艾里什，2010，《政府向社会组织购买公共服务研究：中国与全球经验分析》，北京大学出版社。

王诗宗、宋程成，2013，《独立抑或自主：中国社会组织特征问题重思》，《中国社会科学》第 5 期，第 50～66 页。

徐家良，2016，《政府购买社会组织公共服务制度化建设若干问题研究》，《国家行政学院学报》第 1 期，第 68～72 页。

张紧跟、庄文嘉，2008，《非正式政治：一个草根 NGO 的行动策略——以广州业主委员会联谊会筹备委员会为例》，《社会学研究》第 2 期，第 133～150 页。

郑杭生主编，2013，《社会学概论新修》（第四版），中国人民大学出版社。

周俊，2014，《政府与社会组织关系多元化的制度成因分析》，《政治学研究》第 5 期，第 83～94 页。

Considine, M. 2003. "Governance and Competition: The Role of Non-profit Organizations in the Delivery of Public Services," *Australian Journal of Political Science*,

Vol. 38, pp. 63 – 77.

DiMaggio, P., Powell, W. 1983. "The Iron Cage Revisited: Institutional Isomorphism and Collective Rationality in Organizational Fields," *American Sociological Review*, Vol. 48, pp. 147 – 160.

Hannan, M. T., Freeman, J. 1993. Organizational Ecology. *Harvard University Press.*

Hwang, H., Powell, W. W. 2009. "The Rationalization of Charity: The Influences of Professionalism in the Nonprofit Sector," *Administrative Science Quarterly*, Vol. 54, pp. 268 – 298.

Jing, Yijia, Chen, Bin. 2012. "Is Competitive Contracting Really Competitive? Exploring Government-Nonprofit Collaboration in China," *International Public Management Journal*, Vol. 15, pp. 405 – 428.

Ma, Qiusha. 2002. "The Governance of NGOs in China since 1978: How Much Autonomy?" *Nonprofit and Voluntary Sector Quarterly*, Vol. 31, pp. 305 – 328.

Meyer, J. W., Rowan, B. 1977. Institutionalized organizations: Formal Structure as Myth and Ceremony," *American Journal of Sociology*, Vol. 83, pp. 340 – 363.

Pfeffer, J., Salancik, G. R. 1978. "The External Control of Organizations: A Resource Dependence Perspective," *Massatrusettes: Stanford Business Booksm.*

Spires, A. J. 2011. "Contingent Symbiosis and Civil Society in an Authoritarian State: Understanding the Survival of China's Grassroots NGOs," *American Journal of Sociology*, Vol. 117, pp. 1 – 45.

Whetten, D. A. 1985. "Organizational Identity," *Research in Organizational Behavior*, Vol. 7, pp. 21 – 23.

Yang, Guobin. 2005. "Environmental NGOs and Institutional Dynamics in China. ," *The China Quarterly*, Vol. 181, pp. 46 – 66.

中国第三部门研究　第 16 卷
第 100～124 页
© SSAP，2018

使命 vs 活命：长三角地区社会企业
双重目标之平衡[*]

田　蓉^{**}

摘　要： 社会企业如何策略回应社会经济双重目标平衡之挑战及其选择背后的制度因素是本研究关注的问题。以长三角地区 16 家社会企业为案例，本文对组织运营现状、双重目标平衡策略进行了分析。本文提出，个案社会企业运作的鲜明特点在于"公司＋民非"双重法律身份运作，这是对当前不确定的规制环境以及欠缺包容的公益文化环境的应对。"活命"较之"使命"是多数社会企业的优先策略考虑，无论是商业发起还是非营利发起的社企，服务对象从个体消费者转向商业企业和政府以及轻资产运营策略的使用可有助于其商业目标的实现，但要使组织的社会目标发生转移，组织"社会使命"的达成仍然需要依赖健全有力的机构治理机制保障。

关键词： 社会企业　社会使命　商业目标

---

　　* 基金项目：国家社会科学基金项目"非营利组织社会企业化运作模式研究"（11CSH053）。
　** 田蓉，南京大学社会学院讲师，香港大学社会福利博士，主要从事非营利组织与社会福利方面的研究，E-mail：tianrong@ nju. edu. cn。

一 引言

社会企业概念 2002 年引入我国学界，其后在英国文化教育协会及友成基金会等组织支持下，我国社会企业研究与实践快速发展（王名、朱晓红，2010）。2018 年 6 月，成都出台《关于培育社会企业促进社区发展治理的意见》，大力推进社会企业发展，并随即启动社会企业认证。过去的二十年，学界致力于社会企业界定所形成的共识在于识别了社会企业需具备的一些指标或特征，如社会企业家的特点、社会创新、非营利组织市场化收入、利润分配与社会使命实现以及经济与社会目标可持续平衡的治理（Defourny & Nyssens，2017），但并未形成全球共通的定义。作为以商业手段解决社会问题的组织，社会企业的双重目标及双重特性是其区别于一般商业机构与非营利组织的关键所在。

在社会企业实践中，对于双重目标的追求给组织带来的张力与挑战已为一些研究所关注。如在我国香港社会企业起步阶段，由非营利组织转型而来的社会企业多数运营困难，很难自负盈亏（田蓉，2013），我国台湾地区非营利组织社会企业化发展也出现适应不良问题，利己与利他主义理念冲突（郑胜分、王致雅，2010）。社会企业面临市场竞争压力但却缺乏必要经验与资源（Peattie & Morley，2008）。大陆社会企业发展实践显示，双重目标平衡的压力也可见于许多组织（沙勇，2014；社会企业研究中心等，2013）。由非营利组织转型而来的社会企业最大的挑战是机构内部缺乏商业运营的经验、人才和架构，因其组织文化与商业企业的区别带来的冲突，有相当一部分非营利组织的转型并不成功。而由商业企业发展而来的社会企业如果缺乏明确的自我规范标准，组织社会目标亦很难得到持续保障。理想来看，"经济"和"社会"双重目标可以实现，但现实运作并不尽如人意。当前大陆真正具有规模与影响力的社会企业，除了残友、羌绣等几家，为数不多，社会企业的社会效应尚不显著（社会企业研究中心等，2013）。

杨与利斯（Young & Lecy）（2014）以社会企业动物园暗喻社会企业生态领域不同组织类别。他提出，受到不同组织目标与标准驱动，社会企业生态领域存在至少四类组织逻辑。以商业企业为代表的利益最大化，以合作社为代表的会员利益最大化，以非营利组织为代表的社会使命最大化，以及以社会化商业组织（social business）所追求的社会影响与商业成功之平衡。这些基于不同逻辑而生的社会企业，所面临的双重目标平衡的挑战亦有不同。商业企业发起的社会企业有其清晰明确的市场导向，需分配部分利润给他们的产权所有者，追求基本社会目标的实现。源于第三部门与商业机构伙伴关系的社会企业处于三大部门之间的模糊领域，他们在追求冲突性目标时使命漂移的风险较高。而对源于非营利部门的社会企业而言，如何能够实现商业目标以保障组织可持续服务其社会目标。本研究关注这些有着不同组织逻辑的社会企业在特定制度环境中运作时，如何策略回应社会经济双重目标平衡之挑战以及其选择背后的制度因素是本研究关注的问题。

二　制度环境与社会企业双重目标平衡

社会企业双重目标，即达成既定社会（环境）目标和实现财务自主，决定了社会企业具有双重属性。这种双重属性被称为"非营利组织属性与企业性"（王名、朱晓红，2010）或"经营性和公益性"（潘小娟，2011）。社会企业具有非营利性组织的基本属性，即非营利性、非政府性和志愿公益性。其企业性可概括为经营性、增值性和独立性（王名、朱晓红，2010）。所谓经营性是指社会企业按照传统企业模式运作，从事商业经营活动，以商业手法赚取利润并以商业经营收益维持组织的生存和发展；公益性则指社会企业追求的并不是股东和企业所有者的利益最大化，而是社会环境目标的实现（潘小娟，2011）。欧洲EMES 学派将此双重属性操作化为四个经济指标与五个社会指标（Defourny，2001：16-18）。经济指标包括经济项目、持续生产、部分受薪工作以及经济风险。社会属性指标则包括社会使命、清晰的社会目标、有限利润分配、体现基本社会目标的活动及发起组织的一群公民或第三部门。EMES 学派后续将组织治理指标单列出来，以凸显其关于社会企业理想型的观点（Defourny & Nyssens，2012）。治理指标包括参与式治理、高度自治、多方主体的参与属性以及非基于资本所有权的决策权几方面。社会企业使命或目标的"社会性"源于多种原因（Defourny，2009），至少符合三个"社会层次"。第一层次是产品与服务本身特性具备社会性，即这些产品服务旨在满足因市场或政府失灵导致的需求未被满足群体的需要，如健康与社会服务、教育、金融需求等。第二层次社会使命与社会成员之间关系形式或形成过程相关，如组织通过实施创新手段（如为弱势群体提供就业机会）或构建某种市场关系（如发展公平贸易）关注弱势群体。第三层次的社会性是与焦点社会问题相关的社会价值，组织可以致力于推进经济民主、倡导可持续生活方式等。

　　社会企业在不同社会环境脉络下因其与所身处环境互动之差别呈现不同的运作模式与策略，不同领域社会企业与其所运作所处不同社会环境之间的关系有待更多关注。尽管社会企业的发展受到体制制约与影响，但其自身也可能会对制度安排产生影响。前者已为早期制度主义理论家发展为"结构视角"（DiMaggio & Powell，1983；Meyer & Rowan，1977），后者则于近来来在制度主义企业家精神旗帜下发展成为"代理视角"（Battilana et al.，2009；Lawrence，Suddaby & Leca，2009）。结构视角认为组织会在既定制度中形塑自身，以获得合法正当性，这一过程被称为"制度同形"。同形化的压力分别为"强制性"、"模仿性"与"规范性"。强制性制度同形产生于所依赖组织的正式与非正式压力及所处社会对于组织应有功能的文化期待。模仿性制度同形为组织间的彼此模仿，当组织目标含糊不清、身处不确定性环境时，则会将自己形塑为具有合法性的发展成功的组织。规范性压力导致组织采取由制度行动者所支持的并以不同方式散布在社会中的规范价值而形成的制度结构与措施。新近研究致力于深入了解制度框架中的合法正当性角色，合法正当性即"一个实体在社会建构的规范、价值、信仰与定义的范畴里，从事可欲、适宜即恰当的行为"（Suchman，1995：574）。

西欧社会企业发展多仰赖于市场及准市场机制，但有着显著不同于其他国家和地区的特点，即其"位于市场、公共政策及市民社会的交叉路口"的中心位置（Nyssens，2006）。东亚社会企业的总体发展概况清晰可见政府政策之影响，当然社会力量在期间发挥的力量也正日益增强（Defourny & Kim，2011）。中国社会企业发展受到了政府、市场、非营利组织及海外力量的推动（余晓敏等，2011），逐渐形成其特有的发展特点。中国的公共服务领域受到新管理主义理念影响，正积极推进政府购买服务机制及公益创投，并以项目制形式推进公共服务领域改革。在这样的规制脉络中，社会企业是否以及如何作为社会使命驱动的组织维持其自主性、目标以及社会创新能力？从新制度主义术语来看，这一问题与组织在既存制度基础上为了获得合法性而形塑自己的同形化压力之影响有关，特别是强制性制度同形的压力对于领域中主体的影响（DiMaggio & Powell，1983）。市场与社会企业之间的关系也面临市场价值与社会企业价值追求之间潜在的冲突与挑战。市场的工具理性追求利润最大化，而社会企业有对社会使命与民主价值的基本秉持。已有研究讨论社会企业如何应对这一挑战，并提出了交叉补贴、多样化、缓慢发展在组织双重目标平衡方面的策略运用（Cooney，2011），组织治理在其中的作用也为学者所关注（官有垣、陈锦棠、王仕图，2016；金仁旻、刘志阳；2016）。目前，我国大陆社会企业尚缺乏法律规制，行业认证亦刚起步，组织发展参差不齐。在特定中国制度环境背景下生发的社会企业如何应对双重目标冲突，实现其平衡发展，其发展策略如何受到既定制度环境影响，以及商业与非营利领域的不同发起背景对组织策略选择的影响是本研究致力探讨的问题所在。本研究以制度理论为分析架构，以我国长三角地区16家社会企业为案例，尝试分析源自既有制度中的强制性、模仿性及规范性压力如何影响了这些个案组织双重目标平衡策略之选择以及其对组织之影响。

三　数据与方法

本文数据源自作者对长三角地区三所主要城市（南京、上海与杭州）社会企业的质性研究，关注三地社会企业社会与经济目标的平衡策略。数据搜集及分析单位为组织，研究主要聚焦于组织所开展的服务或生产的产品、组织财政、组织盈利及其利润分配及组织与政府间互动方面原始数据及次级数据的搜集。原始数据主要通过 2013～2017 年对三地 16 家组织负责人、高层管理者进行半结构化访谈，及对组织运作进行直接与参与观察获得，每次访谈时间平均为两个小时。其中三家组织，作者进行了两到三次跟进研究。研究涉及的次级数据包括了对于源自组织外部的新闻报道、政府报告、国内外专业期刊、书籍的搜集以及源自组织内部的组织年报及宣传手册等资料。

这 16 家组织是从 2012 年及 2015 年度参与爱德基金会与英国文化教育协会联合举办的社会企业家培训的组织中选取的。个案选择采取目的抽样策略选取信息丰富的组织，筛选标准主要包括：法律注册机构（可为公司、民办非企业单位、社团、基金会或合作社）；自我认定为社会企业的组织；从社会企业支持机构（如英国文化教育处、恩派、南都、爱德等）获得社会企业相关奖项或荣誉的组织。本研究个案选择兼顾社会组织活动领域分布，涉及障碍群体服务（n＝7）、环境保护（n＝3）、青年就业（n＝1）、医疗健康（n＝1）、文化传播（n＝1）、社会组织支持（n＝1）、宗教（n＝1）、社区发展（n＝1）。研究通过原始及次级数据对每个个案进行解释，在此基础上进行数据分析。对个案建立解释的过程意味着对所关注研究现象形成系列因果关系，继而用研究数据质询研究架构的效度。本研究访谈涉及社会企业商业目标与社会目标之平衡，这对于机构领导者而言可能是敏感话题，受访者可能会慎谈自己真实想法。此外，为保证受访者权益，本研究涉及的研究机构及受访者信息均隐去真实姓名以化名指代，但鉴于长三角地区社会企业数量有限，组织身份仍有可能被识别的风险，本研究遵循研究伦理的指引与步骤规范进行。本研究对质性访谈数据进行内容分析以探讨如下两个问题：（1）我国长三角地区社会企业采用哪些策略平衡组织经济目标与社会目标；（2）这些社会企业双重目标平衡策略如何为长三角地区制度环境所影响，商业或非营利领域不同发起背景对社会企业策略选择影响何在。

四　结果与分析

（一）个案社会企业双重目标平衡策略

本研究第一个研究问题尝试分析个案社会企业采取哪些策略平衡组织双重目标。首先，我们先了解个案组织经营状况。综观本研究所涉及的 16 家个案组织（基本信息见表 1），其中致力于传统文化传播的 I 机构在接受访谈时即表示因发起人不愿再承担投资风险选择暂停机构运作。环保机构 J 则已更换了法人，全然将其服务领域转向了与原来机构使命完全不同的儿童服务领域。障碍人士服务领域的机构 P 虽已运营多年，但至 2017 年尚未盈利，仍然依赖政府扶持；而机构 L 新创设的雇佣就业社企项目因政府突然中断场地租金支持正面临生存压力。当然，访谈数据也显示多数机构都在市场竞争中"活"了下来，有些已出现稳定盈利，或已探索出更可持续的发展方向。图 1 为个案社会企业运作盈亏现状。

本节将讨论个案机构如何兼顾"活命"与"使命"双重目标，实现其社会企业身份认同的策略选择。多元化、交叉补贴、缓慢发展这些在美国社会企业平衡双重目标过程所运用到的策略也可见于中国社会企业，但其具体内涵会具有适应中国脉络之特点。本研究还提出轻资产

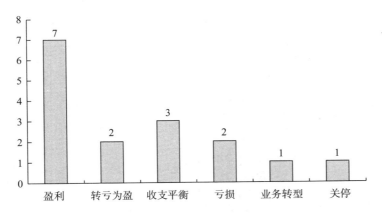

图 1　个案社会企业盈亏现状

资料来源：作者根据访谈数据整理。

运营、市场定位从 B2C 或 B2N 转向 B2B 或 B2G① 以及借力使力成为这些社会企业能够盈利发展的重要策略，而如何在实现盈利之后保障"使命"则仰赖组织治理结构的完善。

1. 多元化

多元化体现在一家社会企业内部产品与服务的多样化以及成立多个社会企业项目来实现双重目标平衡。因缺乏懂经营管理的专业人士，雇佣智障人士就业的机构 A1 起步阶段运营困难，通过对生产线的反思，其负责人首先考虑如何使其产品实现多元化与细分，以及将智障学员安置在适合的产品线。

表 1　个案组织基本概况

机构编号	受访对象	成立年份	服务领域	法律身份
A1	Yu Ming	2007	智障人士就业	公司

① B2C 为 Business to Customer 的简写，意为商对客，直接面向消费者销售商品与服务。B2B 为 Business to Business 的简写，面向企业销售商品与服务。B2N 为 Business to Nonprofit 的简写，面向非营利组织销售产品或服务。B2G 则为 Business to Government 的简写，面向政府销售商品或服务。

续表

机构编号	受访对象	成立年份	服务领域	法律身份
A2	Hui	2015	宗教	公司
C1	Jin	2011	障碍人士康复	民办非企业单位
C2		2013	特殊教育环境设计与器械	公司
B	Wu	2010	老年与障碍群体托养康复	民办非企业单位
N	Hao	2014、2015 2016、2017	环境保护与教育	两家社团、两家民非、三家公司
D	QM	2005	障碍群体托养康复	民办非企业单位
E	Weng	2012	社会企业培育与支持	民办非企业单位
F	Zhao	2007	环境保护、农村社区发展、艾滋群体等	两家民办非企业单位、三家公司
		2011		
G	Liang	2010	听障群体就业与康复	民办非企业单位
H	Wu	2012	急救培训	公司、民办非企业单位、社团
I	Ting	2009 2013	传统文化传播	公司、民办非企业单位、基金会
J	Tao	2012	环境保护与社区发展	民办非企业单位、合作社
K	Bo	2008 2015	青年住宿与就业	公司民办非企业单位
L	Liu	2004、2013 2016	障碍群体托养康复与就业	两家民非、一家公司
M	Zheng	2014	社区发展	公司
O	Zhao	2014	障碍群体康复托养	民办非企业单位

　　比如说我们每天九点半之前必须出炉的面包，必须要有足够的产品上架，暂时不考虑庇护就业，这一部分有效率就行，但是保质期比较长的，像曲奇，这个我们就希望以庇护性就业安置为主。（Yu，机构 A1 初创期负责人）

身处急救领域的机构 H 依赖向外企等大公司提供付费急救服务维持组织运营，并且通过这部分收入来补贴面向公众进行的急救培训，通过多元化服务对象在商业目标实现的同时保障社会目标达成。在我们的个案组织中，我们还看到更加复杂的多元化策略运用案例。如为障碍人士提供康复服务与就业服务的机构 L；在环境保护领域尝试运作基金、合作社与民非等多种组织形态，涉及防护林种植、蟹田改造等生产领域的机构 J。机构 F 的社企项目从扶持艾滋病人制作销售传统手工艺品起步，进而发展为城市社区待业青年的职业技能培训服务，倡导城市白领环境保护的"咖啡渣种蘑菇"项目以及农村社区环境保护与留守人员就业议题。机构 F 目前旗下有三家公司、两家民非，其负责人 Zhao 这样看待机构的多元化发展：

> 我们希望把它分得细一点，而不是一个篮子全放在一起，分细一点大家有自己的职责，自己的管理范围、自己的工作范围分开。（Zhao，机构 F 负责人）

从 2012 年运作社会企业项目的机构 N，产品与服务也覆盖了从慈善商店到环境教育，到自然体验、海洋民宿等多样化服务。目前，收费性海外自然科考的利润可观，已可以补贴组织环境监察的公益使命。

2. 交叉补贴

组织多元化策略也体现在这些组织财政来源的多样性（见表 2），几乎每家持续运营的社企的收入来源都包括政府资助、营收及捐赠等几方面。对于障碍群体服务领域，资源多元对于组织的生存发展显得尤为重要。政府支持无论是场地、人力补贴还是项目资助对于雇佣就业模式社会企业的持续运营来说相当关键。对其他领域组织来说，"不把所有的鸡蛋放在一个篮子里"也是抵御风险的重要策略。这种交叉补贴有时候直接以资金形式体现，有时则是人力、物力、场地等资源方面的相互支持。无论是一家组织内部的不同项目之间还是母机构旗下几家组织之间都可相互补贴。

表 2　个案组织收入来源分析

组织编码	政府资助（%）	捐赠（%）	收费（%）	其他（%）
A1	0	15	85	
G	0	5	95	
C	24	24	52	
L2	51	13	36	
O	70	20	10	
D	10	10	80	
N	16	47	34	3
F	50	0	50	
H	0	0	100	
A2	0	0	100	
K	0	20	80	

注：有部分个案未提供财政数据。

　　机构 A1 的运作从一开始即得到母机构人力与财力方面的支持。依赖母机构为其申请到海外资助作为项目启动资金，又由母机构旗下另一家社企注资助其注册，后续门店场所与设备购置皆由母机构资助。机构 A1 安置就业的智障学员及社工也均来自母机构提供障碍儿童托养服务的部门。机构 F 的社企团队则与其公司团队共用办公场所，并在资金、人力方面相互支持。

　　　　场地都是在这边，工作人员是在一起，但是从工作领域，包括管理上其实会不一样，不一样的人、不一样的模式。每个都是独立的公司、部门，但是彼此之间有交接的地方，是可以互补的。财政分开独立，但如果说一个单位运营得不是太好，是要各部门平衡的。（Zhao，机构 F 负责人访谈）

　　图 2 为 C 机构 2012 年、2016 年及 2017 年度上半年的财务状况。作为一家年收入约 50 万元人民币的小规模机构，我们看到其初创时为非

营利组织的发展定位，四年后策略调整为社会企业化运作。开始，政府、基金会捐赠与收费服务共同支持机构运作，如今收费服务已成为机构主要收入来源。目前，机构承接政府社会服务项目为社区智障儿童提供康复服务，但其项目运作的人力成本则由公司利润来负担。

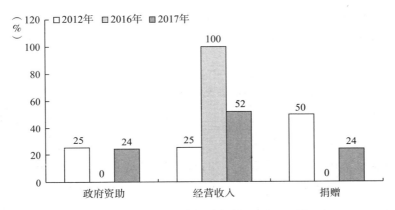

图2　机构 C 财政来源分析（2012－2017）

资料来源：作者根据机构数据自绘。

机构 N 的社会企业项目运营2012年起步，2014年经营收入只占到机构总收入的10%，2016年已经发展为34%，而政府资助则由2012年的55%下降到2016年的16%（见图3）。目前，机构几家社企基本实现自负盈亏，同时能够有盈余补贴到其他环境保护的公益项目。

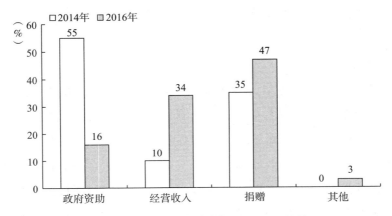

图3　机构 N 财政来源分析（2014－2016）

资料来源：作者根据机构数据自绘。

3. 双重法律注册

个案社会企业的多元化策略在中国体制背景下的运用还充分体现在许多机构在其法律身份上都会同时在工商及民政两个部门分别注册公司与民非或基金会，本研究个案组织中近半数（n = 7）有双重乃至三重身份注册（见表 1）。根据我国法律，营利性组织可以分红，而公益组织不可分红。我们发现这些个案机构如果成立之初登记为公司，其后续一般会再注册一家民非；反之，若为民非注册成立，也会逐渐发展出一家或多家公司。这种公司加民非的组织结构在 A1 与 A2 机构理事长看来"两个身份有好处，可以打太极拳"，也因为很多政府资助或公益资源申请前提为组织是正式注册的民非组织。C1 为一家民非注册服务自闭症儿童的组织，成立之初因有政府与基金会资助补贴勉强维持运作，后因政府资助出现变化，组织主动成立了特殊教育领域的设计咨询公司 C2，以其营利补贴康复训练项目。健康服务领域 H 组织则注册了民非、公司、社团三重身份，以多元化获取资源，抵御风险。

> 我们不只是三块牌子，我还是一家社会组织的理事，带有 NGO 性质的我可以归到组织的发展中心。我的执照就是公司注册，很多元，不局限于单一的形式，后来又有产业协会，就是为了抗风险，这些都是相互支持的。（Wu，机构 H 负责人）

4. 缓慢发展

本研究数据分析显示，缓慢递进发展成为一些服务障碍人士机构保障其社会使命的策略之一，适度控制规模，重质而非重量，重社会使命而非利润最大。尤其对于服务自闭症及精神障碍人士的机构，大规模机构康复模式虽然经济效益高，但是对服务对象而言并非最佳，因此很多机构选择控制规模，或以社区康复模式介入，但社区模式的快速发展对于资源有限的小机构而言是不可行的。A1 机构经过十年摸索逐渐形成了可复制的营利模式。但鉴于很难找到适合其生产流程的障碍人士，因而 A1 机构也控制着组织发展速度。数据也显示，经验丰富的社会企业也会将其需要高投入的项目分阶段小规模试验推进。机构 F 的生态农业扶贫计划先期是以在上海白领群体间推行"咖啡渣种蘑菇"的项目先行，再进而发展为在郊区购置十亩农田进行大规模种植。在机构项目推进的进展控制方面，机构的理事会与顾问团队在风险评估与稳健发展方面发挥了重要作用。这样的稳健发展策略也影响到机构接受外部资源。一些机构苦于无法吸引到外部资源，但对于一些相对较成熟、有影响力的机构，则对于外部资助持审慎态度，评估机构自身能力，不盲目接收。对于运作社会企业项目的机构而言，这样的策略对于机构秉持其社会使命尤为重要。

5. 服务对象从 B2C/B2N 转向 B2B/B2G

市场群体定位，究竟是面向个体消费者，还是面向公司企业，抑或是面向政府及其他第三方机构，对于社会企业的盈利都甚为重要。访谈数据显示，单纯依赖收费模式运作的社企能达到收支平衡且有盈利，基本收费均在同类机构中处于中高水平。某种程度上，如果没有配合服务补贴模式保证组织社会使命，则很容易出现只服务有能力的消费者而使得低收入群体更遭排斥的现象。比如，针对障碍人士的收费康复服务，多数障碍群体及其家庭往往因这一特殊群体的医疗开支或需要有家庭成员全职照顾而影响到家庭经济收入，高收费服务机构很难服务这部分群体。机构 L 是一家智障人士服务机构，其总干事 Liu 在介绍其服务收费时提及机构收费处于业内中等偏上水平，地方政府鼓励机构向服务对象收费。同时，机构 L 也倾向于遴选自身障碍状况不太严重的服务对象。与 L 机构同领域的机构 C 及位于杭州的机构收费标准也处于市场平均水平，每个月 3000～5000 元。对于障碍人士托养机构而言，场地选择以及租金费用皆是困扰机构规模化发展的重要因素。如果没有政府或其他支持，这部分高昂的运营成本只能转嫁给付费使用服务的障碍人士及其家庭。这类依赖服务收费模式成功运作的社会企业，某种程度上在目标群体定位上排斥了中低收入家庭。

除了向有经济能力的服务对象收费以外，我们发现越来越多成功运作的社会企业能够实现其良性商业运作的重要策略在于目标群体定位从个体消费者转向企业或政府。提供障碍人士就业的社企机构，其产品市场多定位于企业，尤其是重视企业社会责任的外资企业。如机构 G 放弃原来为公益机构做设计之初衷转向专做大型企业 CSR 年报设计，机构 O 也着力开放企业买家向其销售其障碍人士画作衍生品。机构 G 负责人 Liang 这样分析其服务对象以及产品定位原因。

> 如果你是针对普通受众的，这个其实蛮难做的，第一，因为你要有通路、渠道、宣传，有这些各方面的事情，才能把这个产品做好。第二，你的价格肯定不会比普通的低，因为你有这个人工（听障人士）在里面，所以我觉得这个蛮难做的。第三，如果是 B2B 的企业购买这些东西，他作为礼品购买可能也就是一次两次。但是设计这个东西是企业永远要重复做的，今年做了 CSR 的报告，明年还要做这个报告，所以这个可能是我们能够发展下来的一个东西。（Liang，机构 G 总干事访谈数据）

个案机构中百分百依赖营收运作的机构 H 则更是通过为企业提供急救培训获得高收益补贴其公益培训项目。环境领域的机构 F 客户来源主要是商家企业，这部分收益占其利润贡献的 80%。除了企业，社区发展领域机构 M 负责人强调在中国发展社会企业，面向政府是更成功、更可靠的保障。机构 H 商业运作顺利也得力于良好的企业客户网络，尤其是外企资源。机构 F 致力于农村社区发展，其社企运作利润也主要源自企业而非个体。

> 以我们来说，主要的客户来源就是商家、企业，企业占我们赢利的 70% 以上，到 80% 吧，个体户很少，企业占了绝大部分。（Zhao，机构 F 负责人访谈数据）

6. 轻资产运营

轻资产运营是以价值为驱动的资本战略，是网络时代与知识经济时代企业战略的新结构。智力资本以知识及其管理为核心，构成了企业的轻资产。轻资产是企业的无形资产，包括企业的经验、规范的流程管理、治理制度、与各方面的关系资源、资源获取和整合能力、企业的品牌、人力资源、企业文化等。以轻资产模式扩张与以自有资本经营相比，可以获得更强的赢利能力、更快的发展速度与更持续的增长力。企业专营核心业务，而将非核心业务外包。

本研究数据显示，轻资产运营也成为这些社企平衡双重目标的策略选择。放弃需要很多人力、资金、硬件、场地等投入的重资产领域，转向凭借智力资源提供教育、设计等小而美的服务领域是社企更容易平衡目标的市场利基所在。如上文提到的为听障群体提供雇佣就业的机构 G，成立之初即定位设计领域。机构 C 通过四年为障碍群体提供直接康复服务的探索后，也意识到依赖场地与专业人员提供直接服务对于资金实力不强的小机构而言是很大的挑战，机构进而转向面向学校提供融合教育设计方案。这类业务活动只需智力投入，对场地、人力方面要求不高，很大程度上减少了机构成本。环保领域 N 机构则将占用其组织人力、精力过多的科技园、自然体验园等重资产项目转让出去代之以其机构品牌入股，将业务转向专营面向亲子的海外自然科考项目。这是机构在运营过程中的策略反思，亦可谓适应既定中国当前制度环境的战略选择。从本研究 2018 年对机构 A1 的跟进访谈数据可见，其母机构正在积极拓展新的社会企业业务，新近成立了文化旅游公司，专营公益旅行，这也是典型的轻资本运营案例。

7. 治理机制保障

本研究中多数已经达成经济目标的社企，保障其不受市场机制逐利逻辑影响发生使命漂移的关键在于其组织治理机制的安排。治理机制的保障包括了董事会的决策权、组织章程对于分红事宜的明确规定等方面。机构 A1 在治理层面明确分工，保障组织双重目标的平衡，外聘职业经理人负责机构运营，但是社工专业出身的 Yu 先生则作为机构执行董事保证机构运作不违使命。

> 大的决策还是董事会决定，分两块，董事主抓主要战略和方向，我们管理层主要负责战术和市场。（Ming，机构 A1 现任负责人访谈）

> 我现在在机构是执行董事，就相当于治理层，不是我直接运营管理，有一个经理在做这些。我的角色是保证它的价值，保证它不违背我们的目标。（Yu，机构 A1 初期负责人访谈）

也有一些较为成熟的以公司身份注册的社会企业，则在组织章程中明确规定利润分配比例，如机构 F 的组织章程明确规定公司利润 20% 分配股东，40% 支持组织公益事业，40% 用于公司研发。

8. 借力使力

社会资本是真实或虚拟的资源的总和，这些资源与所拥有的制度化的共同熟识和认可的关系网络有关（Bourdieu，1986）。社会企业运作受到文化资本、受益人资本、捐赠人资本及商业环境类社会资本影响（刘国翰等，2014）。中国脉络中的社会组织运作更多受到关系、人情、面子而非社会资本影响，信任并非建立在制度基础上，而是建立在个人及其社会背景的关联上（翟学伟，2009）。本研究数据显示，社会企业发展顺利与否，与组织领导人资源拓展能力密切相关。在中国脉络中，我们的受访者称其为"借力使力"，这关系到资源是否丰富。在本研究所涉及的个案中，相较而言规模较大的机构 L、F、N 等皆得益于其发起人的人脉资源网络。机构 N 社会企业部门负责人 Chu 这样介绍其机构发起人，"反正商圈的、政圈的，他交际挺广的，所有资源他都有"。作为一家环境保护领域 NGO，不同于一般同类机构与政府关系之敏感，N 机构成立之初即与政府保持了良好的关系。机构秘书长 Hao 在访谈中，一再强调"借力使力"的组织发展策略，视其为一种互联网思维。为青年人提供廉价求职住宿的 K 机构总经理也以"借船出海"来形容这样的组织发展策略。

> 我前天在跟我们社会企业讲，千万不要局限于做自己的一家企业，一定要"借船出海"，一定要把眼界放宽，一定要合作。现在我们社会企业出现的问题是，这些企业都不愿意合作。（Bo，K 机构总经理访谈）

与这样的案例相反的是，一些小规模机构的发展则受制于这样的关系资源的匮乏。比如文中提到的机构 C，其发起人是一名特教学院毕业的学生，自身与政府及公益界关系网络较少，在其创业过程中只能依赖一对一上门服务模式运营，每年都苦于场地与资金问题无法解决。机构 C 初创期所获得的一笔公益界资助也得益于其培育支持性机构的推荐。缺乏民政部门关系与资源使得机构反思原来服务收费模式，从而转向有较多潜在脉络的特殊教育系统。

（二）制度压力与中国社会企业同形化

本研究第二个研究问题试图解释个案社会企业双重目标平衡策略选择如何受到长三角地区既定制度环境影响以及不同发起背景（商业领域或非营利领域）对于组织策略选择之影响。从上文对个案社企双重目标平衡多元策略的讨论可见，中国社会企业运作非常鲜明的特点在于"公司＋民非"双重法律身份运作。这种组织结构可见于多家社企，无论组织发起人来自商界还是公益界，初始身份是公司还是民非，在组织运作一段时间后皆会形成这样的"同形化"的结构模式。成熟的社会企业旗下往往有多家公司与多家民非。有些组织还试图发展出更多法律身份，如合作社与基金会等。这种双重或多元法律身份也成为组织平衡社会经济双重目标的最有利的多元化策略之一。用制度主义理论来解释，这种组织同形化现象背后的制度压力首先来自政府与法制环境。鉴于当前中国尚无针对社会企业类别的法律身份，这些兼具社会与经济使命的组织通过公司与民非身份的双重注册保障了其所从事的商业与公益业务行为的合法性。双重身份背后的财务、人力与管理架构可能是彼此完全独立的，也可能就是同一班人马。但这样的双重身份备案，方便了这些社会企业从政府、基金会、公众、社会投资家等不同利益相关人处获得资源支持。

当前中国社会对于社会企业尚无法律规范与统一界定，对于社企是否可以分红、分红比例多少亦无规定。政府对于社会企业概念的态度仍模棱两可。法律规定民非组织是社会组织，可以享受免税政策，但实际运作过程中鲜有民非组织能够符合免税要求。很多公众对于公益组织的认知程度尚停留在志愿服务、爱心奉献阶段，对于既赚钱分红又标榜公益的所谓社会企业接纳度如何更是不确定的。"公司＋民非"两条腿走路，是对这种不确定的规制环境与欠缺包容的公益文化环境与价值导向的规范性压力的应对。

伴随着 20 世纪 80 年代福利社会化改革，政府逐渐从福利领域退出。尽管新近许多地方政府在福利领域新增多种购买服务资金，包括源自福利彩票资金的公共福利资金、公众捐赠、专项基金等，但总体而言，公共财政预算中尚无明确的政府购买服务的稳定资金。鉴于政府资助以及公众捐赠仍然有限的体制背景，中国 90% 的社会组织财政来源依赖收费（Zhang，2015）。政府鼓励有赢利能力的社会组织发展，以业内常用的话语即"有自我造血能力"的组织，尽管营利导向有可能使组织使命漂移，但这是为当前政府政策所认可、鼓励而没有合法性问题的模式。过去十年间，社会企业成为社会领域的风潮概念，学界与一些有影响力的基金会及培育机构皆大力倡导社会企业在中国的发展。这些影响着社会组织资源的重要利益相关人的价值理念是除政府、法制环境以外组织的正式压力来源，也是促使组织强制性制度同形的因素所在。受到社会发展领域的主流风潮影响，本研究中涉及的组织有些被赋予"社会企业"光环，而有些则是主动效仿、自我认同为"社会企业"。这种模仿性制度同形，是组织在当下不确定的制度环境中寻求合法性的选择。

制度环境中有限的慈善资源影响着这些社会企业轻资产运营以及存在将市场从直接面向个体服务对象转向商业企业与政府的趋同特点。多数案例组织缺少来自政府或基金会的资金支持去探索需要大量资源投入的服务，因而设计或文创教育等领域逐渐成为许多原本从事直接服务的机构经营模式转型的方向。这样的业务转型也将组织原来的服务对象从有需要的弱势群体转向有购买能力的群体或组织，保障了组织可以"活命"，问题在于这些弱势群体未得到满足的服务需求可以从哪里获得。总体而言，"活命"较之"使命"是本研究中多数社会企业的优先策略考虑。当然，组织发起背景的不同对于组织"活命"与"使命"两者间的权衡还是会有一定影响。本研究中有9家组织完全由商业领域组织或人士发起（B、E、F、G、H、I、J、K、M），7家组织由非营利领域组织或人士发起（A1、A2、C、N、L、O、D）。对于商业人士发起的社会企业，组织运营的经济目标实现状况对组织而言至关重要。组织运营如果出现亏损，影响到组织生存，他们会选择关停或转让，如机构I与机构J。多数商业发起的社会企业，可以视为组织策略性获取更多社会资源或市场的团队或项目，虽然有些组织在组织架构上会将商业团队与社企团队分别注册为两个独立的组织。当然，也有个别组织如机构F，在我们看来，较之其他商业发起社企，将社会目标置于了更重要的位置。F机构在其公司章程中明确规定盈利部分的30%～40%需回馈社会，这对于组织社会使命的实现是一种机制保障。而对于由非营利领域发起的社企而言，多数组织依赖政府或基金会支持维持运作，如何"活命"对这些不谙经营的专业人士而言的确是一种挑战。我们看到有些组织通过轻资产与转移服务对象策略突破了无法"活命"的重围，逐渐实现有盈利的运作。也有个案组织固守其"使命"，宁愿亏损运营也不妥协，如A2，当然前提是有母机构的资源支持。无论是商业发起还是非营利发起的社企，有些策略对于组织实现其经济目标皆可适用，如多元化、交叉补贴、缓慢发展、借力使力；而服务对象从个体消费者转向商业企业和政府以及轻资产运营策略的使用可能使组织的社会目标发生转移、社会使命的层次发生改变。但作为社会企业而言，如果无法实现"活命"的基本商业目标，"使命"也无法达成。关键在于如何在实现"活命"之后，保障组织往追求"使命"的方向发展，而非受利润驱动在模式与目标方面皆越来越趋同于商业机构。我们认为，无论是何种背景发起的社会企业，组织"社会使命"仍然需要依赖健全有力的机构治理机制保障。然而，我们的个案组织中仅少数有健全治理机制，多数组织依赖行政负责人管理，理事会治理有名无实。如以 EMES 学派将参与治理视为社会企业典型特征的观点来看，本研究涉及的许多案例组织在组织治理方面仍然薄弱，组织双重目标是否可以平衡以及保障组织责任尚不明确。当然，这也与我国长期以来第三部门的治理文化与现状有关。就某种程度而言，中国社会企业的实践远早于西方社会企业概念在我国之发展，比如解决障碍人士就业问题的福利企业早在新中国成立后即发展起来，较 20 世纪 90 年代 OECD 工作整合型社会企业概念的提出早了近半个世纪。可见，我们的制度环境鼓励社会企业组织形式的发展，以解决某些社会领域的问题。社会企业的兴起为我国既有制度环境中公共治理、经济发展、扶贫助困、社会服务等领域问题的解决带来了突破。但我们也看到，基于我国公共服务领域既定的制度环境，福利服务的市场化发展有其制度合法性。受此市场化影响，我国社会领域组织或以"福利企业""民办非企业单位"身份出现，或以"社会企业"身份出现。我们对于"社会企业"的风潮倡导，究竟是会完善既有福利体制解决社会问题，还是会导致社会福利领域政府及慈善资源投入减少，因而影响到弱势群体的直接服务提供，值得我们反思。换言之，若视社会企业并非全然被动适应制度的客体，而是会以主体身份主动回应制度的压力参与形塑制度环境的"制度企业家"，则社会企业会将我国的公共服务引向哪里是需要后续讨论的议题。

五　结语

从本文对长三角地区 16 家社会企业的案例分析可见，当前我国社会企业身处不确定的规制环境与欠包容的公益文化环境、有限的慈善资源以及政府对有赢利能力社会组织发展的鼓励，影响着这些组织采取多种策略实现组织经济与社会目标达成。这些策略包括多元化、交叉补贴、双重法律注册、缓慢发展、转移服务对象从个体消费者至商业企业或政府、轻资产运营、治理机制保障及借力使力。本研究提出双重法律身份注册似乎是我国社会企业运作的典型结构与策略，受到了既定制度环境影响。较之"使命"，如何"活命"对于处于发展阶段的中小规模的机构而言更为重要，毕竟能够"活命"才有机会实现"使命"初衷。对于已经能够"活命"的组织而言，完善的治理结构是"使命"不发生漂移的保障机制。当前，我国社会企业民间认证已于 2015 年开始启动，从 2018 年认证标准及对社企分级指标的放宽可见，已经探索出良好模式兼顾社会经济双重目标的社会企业仍是少数。后续研究有待关注我国当前制度环境下特定领域（如障碍人士服务、环境保护等）社会企业双重目标平衡策略及其影响，探讨该领域服务或产品细分市场所适合的组织类型（政府、非营利组织、营利组织或社会企业）以更好地满足社会需要。

【参考文献】

官有垣、陈锦棠、王仕图，2016，《社会企业的治理：台湾与香港的比较》，台北：巨流图书公司。

金仁旻、刘志阳，2016，《使命漂移：双重目标压力下的社会企业治理研究》，《福建论坛》（人文社会科学版）第 9 期。

刘国翰、金碧华、陈晓芳，2014，《社会资本视角下的社会企业运作模式》，

《经管研究》第 5 期。

潘小娟，2011，《社会企业初探》，《中国行政管理》第 7 期。

沙勇，2014，《社会企业：理论审视、发展困境与创新路径》，《经济学动态》第 5 期。

社会企业研究中心等，2013，《中国社会企业与社会影响力投资发展报告》。

田蓉，2013，《新管理主义时代香港非政府组织之发展》，《社会》第 1 期。

王名、朱晓红，2010，《社会企业论纲》，《中国非营利评论》第 2 期。

余晓敏、张强、赖佐夫，2011，《国际比较视野下的中国社会企业》，《经济社会体制比较》第 1 期。

翟学伟，2009，《是关系还是社会资本?》，《社会》第 1 期。

郑胜分、王致雅，2010，《台湾社会企业发展经验》，《中国非营利评论》第 2 期。

Battilana, J. , & D'Aunno, T. 2009. "Institutional Work and the Paradox of Embedded Agency," in T. B. Lawrence, R. Suddaby & B. Leca (ed.), *Institutional Work. Cambridge.* UK：Cambridge University Press.

Bourdieu, P. 1986. "The Forms of Capital. In：Richardson," in J. G. , ed. , *Handbook of Theory and Research for Sociology of Education.* New York：Greenwood Press, 241 – 258.

Cooney, K. 2011. "An Exploratory Study of Social Purpose Business Models in the United States," *Nonprofit and Voluntary Sector Quarterly*, 40：185 – 196.

Defourny, J. 2001. "Introduction：from Third Sector to Social Enterprise,", in Carol Borzaga & Jacques Defourny (eds.), *The Emergence of Social Enterprise.* London & New York：Routledge, 1 – 28.

Defourny, J. 2009. "Foreword," in J. Kerlin (ed.) . *Social Enterprise：A Global Comparison.* Medford, MA：Tufts University Press, 11 – 17.

Defourny, J. & Nyssens, M. 2012. "The EMES Approach of Social Enterprise in a Comparative Perspective," *EMES Working Paper*, no 12 – 03.

Defourny, J. & Kim, Shin-Yang, 2011, "Emerging Models of Social Enterprise in Eastern Asia：a Cross – Country Analysis," *Social Enterprise Journal*, 7 (1)：

86 – 111.

Defourny, J. & Nyssens, M. , 2010, "Conceptions of Social Enterprise and Social Entrepreneurship in Europe and the United States: Convergences and Divergences," *Journal of Social Entrepreneurship*, 1 (1): 32 – 53.

Defourny, J. & Nyssens, M. , 2017. "Fundamentals for an International Typology of Social Enterprise Models," *Voluntas* 28: 2469 – 2497.

DiMaggio, P. & Powell, W. 1983. "The Iron Cage Revisited: Institutional Isomorphism and Collective Rationality in Organizational Fields," *American Sociological Review*, 48: 147 – 160.

Kerlin, J. 2009. "A Comparison of Social Enterprise and Its Contexts," in Kerlin, J. (Ed.), *Social Enterprise: A Global Comparison* . Massachusetts: Tufts University Press. pp. 184 – 200.

Lawrence, T. B. , Suddaby, R. & Leca, B. 2009. *Institutional Work*. Cambridge: Cambridge University Press.

Meyer, J. W. & Rowan, B. 1977. "Institutionalized Organizations: Formal Structure as Myth and Ceremony," *American Journal of Sociology*, 83 (2): 340 – 363.

Nyssens, M. (Ed.) 2006. *Social Enterprise at the Crossroads of Market, Public Policies and Civil Society*. Routledge, London.

Peattie, K. & Morley, A. 2008. *Social Enterprises: Diversity and Dynamics, Contexts and Contributions*, Social Enterprise Coalition and Economic and Social Research Council, Swindon.

Salamon, L. M. Anheier, H. K. 1997. *Defining the Nonprofit Sector: A Cross-National Analysis* . Manchester: Manchester University Press.

Suchman, M. C. 1995. "Managing Legitimacy: Strategic and institutional approaches," *The Academy of Management Reviews*, 29 (3): 571 – 610.

Young, D. R. 2001. "Organizational Identity in Nonprofit Organizations: Strategic and Structural Implications," *Nonprofit Management & Leadership*, 12 (2): 139 – 157.

Young, D. & Lecy, J. D. 2014. "De? ning the Universe of Social Enterprise: Competing Metaphors," *Voluntas*, 25: 1307 – 1332.

Zhang, Y. F. 2015. "Dependent Interdependence: The Complicated Dance of Government-Nonprofit Relations in China," *Voluntas: International Journal of Voluntary and Nonprofit Organizations*, 26, 2395 – 2423.

Zheng, S. F. & Wang, Z. Y. 2010. "Experiences from Social Enterprises Development in Taiwan," *China Nonprofit Review*, 2: 32 – 59.

中国第三部门研究 第 16 卷
第 125～150 页
© SSAP，2018

道德化市场中的社会组织：
市场区隔与"价值－利益"双目标行为*

严　俊　孟　扬**

摘　要：社会组织的快速发展与重要意义已经成为学界的广泛共识。在此背景下，探讨其所处公益领域的整体特征与微观主体的行为逻辑具有重要的理论与现实意义。本文从经济社会学的经典命题"道德化市场"的视角出发，对来自长三角地区的 23 家社会组织案例进行了分析。研究发现，社会组织所处的公益领域同样具有市场特征。但与一般市场的差别在于，公益价值不仅造成了一系列涉及市场主体身份认定的门槛条件，进而形塑了宏观层面的市场区隔，而且将持续影响社会组织的行动过程呈现对"价值－利益"双目标均衡的追求。基于以上发现，本文回应了志愿失灵的具体成因，并提

---

* 基金项目：上海市教委 2017 年度探索区域教育协作新机制试验（长三角教育协作发展）子项目"加强长三角区域协同合作，解决流动儿童教育问题"（N59 - D102 - 17 - 101）。

** 严俊，上海大学社会学院讲师，北京大学社会学博士，主要从事经济社会学、组织社会学方面的研究，E-mail：yanjunjack01@ hotmail. com；孟扬，上海大学社会学院硕士研究生，主要从事经济社会学方面的研究。

出了一些引导社会组织发展的政策与研究建议。

关键词: 社会组织 道德化市场 市场区隔 志愿失灵
"价值－利益"双目标行为

一 现象与问题

中国改革开放四十年来,社会组织的发展方兴未艾。研究者普遍认
为,作为第三部门的社会组织在当前中国社会发展中发挥着重要功能:
可以弥补政府及市场的不足,提供各种公共服务(王名、朱晓红,
2010;许光建、吴岩,2015);可以促进居民的政治参与,推动社会治
理多元化(冯钢,2012;吴结兵、沈台凤,2015;杨丽、赵小平、游
斐,2015);重塑了国家与社会的关系(王名,2009;郑杭生,2011)。
尽管主题多样,但既有研究普遍将社会组织作为外在于政府且与企业
截然不同的组织类型加以分析,其公益性目标与非营利性特征被反复
强调,成为其概念身份确定与分析工作的前提。

但在实地观察中可以发现:社会组织从资金获取、人员吸引(志
愿者或固定工作人员)到组织管理方式,都与一般市场组织(企业)
存在诸多共同之处:组织间不仅在吸纳本区域内政府或基金会资金支
持、志愿者招聘等多个方面激烈竞争,而且(多位社会组织负责人明
确表示)会特意引入某些企业管理方式以更好地满足效率诉求。与此
同时,市场手段的使用也存在边界。公益价值以内化认知或行业规范的
形式"约束"着组织的行为,使之在服务定价、对象选择等方面又明
显区别于普通企业,呈现混合性特征。近年来颇具热度的社会企业研究
也从某种程度上说明了这一点。据此可以认为,(至少在分析层面上)
社会组织和一般市场企业之间并不存在决然鸿沟,而是呈现渐变连续
统的特征。在概念争议的背后,这类研究的基本共识在于认定"社会
企业既追求某种社会价值目标以使某些社会问题得以缓解,也追求利
润以保障企业的生存和发展"(刘世定,2017)。因此,从特殊市场或

"企业"类型的角度来看待社会组织的制度环境和行为方式，具备重要的理论和现实意义。

公益和市场属性并存的社会组织，可归属于经济社会学的经典研究范式之一——道德化市场——的领域。通过分析生命意义与美国人寿保险市场的变迁关系、家庭内部货币的含义与分配方式、亲密关系与货币交换的过程等议题，美国社会学家泽利泽尔开创性地奠定了这一研究范式的基础（Zelizer，1978、1989、1996）。后续研究者进一步关注了具有价值符号的物品（血液、器官、生殖细胞等）的商业化过程（Healy，2006：3－25；Almeling，2007；Anteby，2010），极大地拓展了道德化市场视角的解释边界。概而言之，这类研究的主要工作是考察道德、价值等文化因素对市场规则的影响与改造。借助价值塑造或关联营造等概念，研究者解释了道德化市场宏观形态的成因，但对市场主体的微观行动机制尚缺乏讨论。

延续以上思路，本研究对长三角地区（上海、江苏、浙江、安徽）23 家服务流动儿童教育的社会组织展开了深度质性调查，试图探讨如下问题：公益价值规范如何形塑了社会组织所处特殊市场的整体特征，并造就了（作为市场主体的）社会组织的独特行为。

二　文献回顾：第三部门、社会企业与志愿失灵

1. 作为第三部门的社会组织

20 世纪 70 年代末以来，学界对国家与市场的关系格外关注，尤其强调二者在现代经济发展中的角色、功能和局限性（盛洪，1995：6～10；刘军宁，1995：20～26；曹沛霖，1998：233～277；杨祖功、田春生、莫伟，1999：51～99）。随着改革逐渐深入，社会结构变动和新社会利益关系重组使得这类问题更为突出。如何理解"市民社会"的出现和新型社会中介组织的成长，成为 90 年代以来社会学研究的一个重要主题（孙立平，1992、1994；邓正来，2018：6～29；甘阳，1998：

24~36）。在这一背景下，关注国家与市场之外的第三部门研究得以发展壮大。

近年来，研究者对作为第三部门的社会组织的属性、功能及行为方式做了持续而深入的探讨。在这类研究中，社会组织泛指那些在社会转型过程中由不同社会阶层的公民自发成立的、在一定程度上具有非营利性、非政府性和社会性特征的各种组织及其网络形式（王名，2009；张莉、风笑天，2000）。学界普遍认为，社会组织在当前中国社会的发展中发挥着重要功能。有研究者指出随着社会转型期"政府失灵"及"市场失灵"的出现，以及整个社会对公共物品及公共需求的高涨，一大批社会组织相继出现（王名，孙伟林，2010）。社会组织承担本应由政府提供的公共服务的现状及意义，并弥补了市场供给的不足（许光建、吴岩，2015）。另外，冯钢（2012）指出社会转型中出现的社会分化及社会缺席，容易导致社会的不稳定，然而创新性的社会组织可以培育社会团结，促进社会自我管理，维护社会稳定。杨丽等（2015）发现，社会组织越来越成为社会治理日益重要的主体力量，并践行着动员社会资源、提供社会服务、参与社会事务管理等功能。部分研究者还注意到，社会组织重塑了中国国家与社会的关系（王名，2009；郑杭生，2011）。

不可否认，从第三部门的角度观察和思考社会组织的行为与功能，有助于思考社会力量在国家与市场之间的意义，但过度强调其非营利性与价值导向，则似乎要将社会组织行为置于市场范畴之外。[①] 可无论在深度调查与日常经验观察中，都能发现社会组织与一般企业的类似之处：从组织间关系到组织行为本身，概莫能外。事实上，已有学者注意到很多社会组织兼具社会性与企业性（Dees，1998；Defourny，2001：1–28；王名、朱晓红，2010）。具体来说，这类组织一方面展现出高度

---

① 社会组织与政府的关系是另一个经典话题。与之不同，本文则聚焦于探讨尚未引起学者注意的"社会组织与市场（企业）的关系"。

自治、追求效率及利润、追求核心竞争力、追求资本积累的市场特征，另一方面则不以利润最大化为目的，致力于满足社会需要、追求公共善、实现市场经济与社会公益的有机结合。但是，仅在概念上将这类组织定义为"社会企业"，并不能解决混合行为的连续存在。从"具有道德导向的企业"角度来考察社会组织总体，将有助于深入理解其功能与社会意义得以实现的行为基础。

2. 作为社会企业的社会组织

如前所述，社会企业作为一种新型社会组织已经引起学界注意。Pestoff（1998：12－13）认为，社会企业是具有社会价值的合作社及志愿服务组织；其不以利润最大化为目的，具有清晰的社会目标，能提供更多的就业机会，吸纳更广泛的公民参与，并有利于社会福利的变革。Defourny（2001：1－28）认为，作为合作社与非营利组织的交叉点，社会企业是偏向劳动者合作社与生产型非营利组织的混合体。类似的，Dees（1998）指出，社会企业是一种多元混合的综合体，并非只追求财政目标。他从组织动机、运营方式、企业目标以及利益相关者角度，将社会企业界定为处于纯慈善非营利组织与纯营利私人企业之间的一种连续体。Young（2001）也认为社会企业是一类采取企业的方式进行商业活动且以对社会事业或公共财政有所贡献为目标的组织。尽管学术界对社会企业的理解尚未完全统一，但是对于以下特征似乎争议不大：社会企业既追求利润以维持企业的生存与发展，也追求公益目的以增进社会福利（王名、朱晓红，2010）。

如果不能将社会企业划定在市场之外，而应考虑公益与利益导向的混合特征，那么这一思路对处在纯粹公益与市场诉求间连续光谱上的任一社会组织同样具有意义。在一篇关于竞争性市场上社会企业与牟利企业的比较研究中，刘世定（2017）明确指出了前者具有的"价值－利益"双目标属性，并尝试给出了分析其混合行为的理论工具。在笔者看来，这一工具并非仅仅适用于狭义的社会企业，而且能处理"价值－利益"不同混合程度的多类社会组织。尽管如此，该工具尚存在缺陷，即相对忽视了社会组织所处环境的宏观特征——公益价值并非天然内生于社会组织的效用函数之中，而是作为某种可变的结构条件约束着行动选择。这正是道德化市场视角的重点之一。

3. 志愿失灵

关注社会组织行为的原因在于它深刻地影响了公益目标达成，进而影响了社会总福利。围绕志愿失灵（Voluntary Failure）展开的研究正试图回答这类问题。莱斯特·萨拉蒙提出了这一概念，他认为社会组织不是弥补政府或市场缺陷的补充性制度，而有其作为"第三方治理"的独立地位与功能。但是，社会组织的固有局限性会导致志愿活动遭遇困难，从而出现志愿失灵（Salamon，1987）。具体而言，志愿失灵包括四个方面的内容：首先，慈善不足；其次，慈善的特殊注意；再次，慈善的家长式作风；最后，慈善的业余主义。为了解决以上困境，萨拉蒙进一步指出，政府的意义在于支持社会组织克服局限，顺利实现公益目标（萨拉蒙，2008：17~34）。

基于这一思路，研究者分析了局限的成因和具体表现，并尝试主要从完善政府支持的角度提出应对策略。通过调查北京市志愿服务情况，孙婷发现社会组织普遍存在机构不独立、管理不规范、活动范围局限、法规体系不完善等问题（孙婷，2011a），其根本原因在于政府在职能定位与机构设计管理上的失职（孙婷，2011b）。胡德平（2007）同样注意到造成志愿失灵的组织结构与行为特征，提出应从组织自身改造入手克服困境。从某种意义上讲，政府支持构成了这类改造的必要条件。林淞等更明确指出，解决中国 NPO 遭遇"瓶颈"的关键是在保障社会组织独立性的前提下，充分利用政府权力的溢出效应（林淞、周恩毅，2009）。

应当看到，志愿失灵源于社会组织的固有局限并非中国面临的特殊问题（Dollery & Wallis，2004；Robbins & Lapsley，2008）。但讨论解决之道的第一步并非直接反思政府行为的优化可能，而是充分理解社会组织所处的结构环境与具体行动逻辑。本文认为，处于道德化市场中的社会组织构成了一种特殊的市场主体，其面临的志愿失灵困境无法通过一般市场竞争过程解决；政府的作用在于弥补这类特殊市场的缺陷，而非以简单介入的方式规制组织行为。

三　分析框架：道德化市场区隔下的"价值 - 利益"双目标组织行为

将社会组织视为第三部门抑或针对一种特殊类型（社会企业）展开双目标分析，都缺乏讨论公益价值对组织生态和行为影响的整体框架，这也构成破解志愿失灵困境的前提。本研究试图从道德化市场理论出发，结合"价值 - 利益"双目标思路（刘世定，2017）来回应该问题。

当代经济社会学研究认为，市场从未"脱嵌"于文化体系而独立存在。通过把文化当成经济过程动态、内生的要素加以把握，能够鉴别出不同市场在社会情境下的具体图景（泽利泽尔，2006：139～174；纪廉等，2006：1～44）。道德化市场正是基于以上逻辑的理论工具：当经济规则"侵入"富含价值规范的领域，将被后者形塑、改造，形成具有道德特征的独特市场面貌。泽利泽尔在关于家庭内部货币的研究中指出，货币进入家庭后会被生活观念、性别权力结构及阶层地位等非市场因素形塑，最终造成家庭内部货币的分配、计算及使用受制于一套不同于外在市场的内部规则（Zelizer，1989）。类似的结论也体现在她关于亲密关系与货币支付的研究中：金钱并不会将人类关系拉平为单一的物质关系。相反的，不同的人际关系将与特定支付形式（补偿、津贴或礼物）达成匹配，以维持及凸显关系的差别（Zelizer，1996）。据此，本文将首先探讨公益价值影响下的社会组织市场的整体特征。

仅从宏观层面讨论价值对市场的形塑还远远不够，更多的研究关注了在这一过程中行动者的调试与合法性策略建构，以及伴随而来的市场与价值规则的均衡或冲突。泽利泽尔详细描述了美国保险公司在广告中植入宗教元素来掩盖经济动机，以实现商业利益与道德约束间平衡的行为（Zelizer，1978）。Chan（2009）则考察了中国文化语境下人寿保险公司类似的营销策略与影响。同样的逻辑也体现在其他类型的道德化市场中。无论器官、血液、生殖细胞捐赠的商业化，还是传统宗教场所的营利转型，价值规范都严格约束着市场主体的行动（Healy，2006：3－25；Almeling，2007；Anteby，2010；Yue et al.，2018），使之最终体现为均衡或冲突的后果。不过，既有研究采用的"深描"（Thick deion）方法尚不足以解释道德化市场内社会组织的微观行为，需要引入"价值－利益"的双目标分析。

基于以上思路，本研究将从两个层面对调查发现建立理论化分析框架：公益价值影响下社会组织面临的市场区隔与"价值－利益"双目标牵引的行动机制（见图 1）。所谓市场区隔，意指公益价值与规范提供了鉴别社会组织身份的门槛条件。只有达到这些标准，才能够与资助方、志愿者或其他社会组织在区别于一般市场的道德化市场内展开互动，并获得特殊的社会企业红利（刘世定，2017）。越过区隔之后，作为市场主体的社会组织并未摆脱公益价值的持续影响。它必须在价值规范与经济收益间持续平衡，由此产生各式各样的双目标行为。

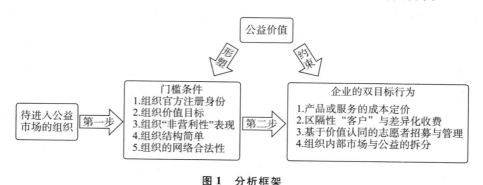

图 1 分析框架

四 区隔化的公益市场：价值形塑的门槛条件

不同于一般市场，公益价值促使社会组织所处的道德化市场呈现具有特定准入门槛的区隔空间。调查发现，区隔机制的核心在于确认获取或交换公益资源的社会组织身份，主要体现在社会组织和潜在资助方（政府、企业、基金会或个人）、志愿者组织方以及其他合作者的多重互动中。大体可包括如下几个方面。

1. 组织官方注册身份

官方注册身份是社会组织获取合法身份的关键，构成进入公益市场的基本门槛。1988 年 9 月和 1989 年 10 月，国务院先后颁布《基金会管理办法》和《社会团体管理条例》，建立了法制化的登记管理制度。为加强统一协调和管理，国家从 20 世纪 90 年代中期开始使用"民间组织"一词来统称社会团体、基金会和民办非企业单位这三种组织形式，并将其归口到民政系统统一登记管理（王名、刘求实，2007）。制度的发展与完善为明确标定社会组织的公益身份提供了便利。从某种意义上讲，官方注册虽然并不直接等同于公益身份，但能够作为表征其真实存在的强信号。

这一点在基金会挑选资助对象的考核指标中得到证明。多位基金会负责人指出，他们会格外注意资助申请者的官方身份，原因在于采用此类认定能大幅减少甄别的成本。随着近年来民政注册管理收紧，越来越多的基金会选择了这种更具针对性的注册身份标签，以进一步降低甄别成本。一位从业多年的组织负责人在访谈中表示，（多种类型的）官方注册身份在 2013 年之前是作为基本门槛存在的，资助方也会花费大量精力判定组织活动的公益价值，而后情况则发生了改变，民政注册身份成为唯一合法的选择。

对对！然后基金会在这方面的转变也非常大。我们就拿 L 基金会（笔者注：国内某业内知名基金会）来举例，以前，大概在 2013 年以前，你去申请资助，他们是不太会看你手里的登记证书的，就是说无论你是工商注册的，还是民政注册的，这些都是其次，主要看你主要做的是什么，符不符合他们关注的领域。然后，

大概是到了后面，包括今天，就是申请资助的必须是在民政口登记的。（访谈编号：170815）

资助过程对官方（尤其是民政）注册的强调，无疑强化了公益身份在道德化市场上的重要性，并极大降低了交易成本。另外，对那些无法获得民政注册的草根组织而言，这也意味着资助来源迅速萎缩，发展空间受到严重挤压。

2. 组织价值目标

通常认为，社会组织不同于政府或市场的突出特点在于它们要保证公益价值实现，不以谋利为目的（李培林，2013）。换言之，社会组织的公益目标及价值宣称是它获取合法性身份的核心指标，一个没有价值宣称的社会组织很难得到资助方支持。调查发现，每个社会组织都会提出明确的价值宣称，如帮助学生减少校园欺凌、促进流动儿童的社会融入、促进女童自我保护等。某社会组织负责人在访谈中详细描述了其价值倡导的来源，这种饱含利他主义情绪与解决实际社会问题的定位具有强大的公益说服力。

> 做困境儿童是因为我们以前工作的经历，也有一定的影响。以前我们做儿童，就是从学生开始，接触儿童类的案例和服务比较多一些，到我们工作之后就偏向于选择自己擅长的一个领域去做，但是我想说儿童这个群体在当下面临着许多问题，没有被重视。我们现在看报纸或者自媒体发的一些文章，经常看到一些涉及我们项目的校园欺凌，大多数表现出来的是肢体欺凌，就是几个人围殴一个小朋友或怎样。但是根据一些调查隐性的问题比凸显出来的问题要多得多，就像冰山一样。（访谈编号：170517）

另一家社会组织负责人则用对比的方式表达了自身相对抽象的价值目标——某种不指向具体内容的流动儿童城市融入培训。在各色商业培训机构层出不穷的当下，强调心灵抚慰的意义能够迅速将组织与前者区分开，并引发广泛认同。

> 我在想到什么程度，到多高的程度。就我不希望我们是培养人才的。因为对我们来说，如果你把培养人才的帽子扣上去的话，我觉得会毁了机构。我是觉得，机构就是这边进这边出，我只希望你通过，你叫生产线也好，叫流水线也好，这个过程。这个过程之后，让这个孩子、这个家庭发现，其实，我可以离这个城市更近一点。（访谈编号：170609）

价值宣称构成了组织的灵魂和行动指南。无论是资助者还是志愿者，在对社会组织进行甄别或选择时，都会格外关注这一点。由于这种价值目标在组织内部的渗透性，判别工作通常不只针对领导人或核心成员，深度卷入的志愿者们也能释放足够强烈的价值信号，改变组织的社会形象。据某位负责人回忆，志愿者们自发体现的公益价值感、高参与度是该组织能够在多次项目竞标或评估中胜出的重要原因。

3. 组织"非营利性"表现

利他主义价值宣称决定了社会组织不追求利润最大化，而表现出非营利性、组织资产不以任何形式为私人占有等特性（王名、刘求实，2007）。因此，非营利性构成了组织进入公益市场的另一核心门槛。与传统研究将其视为社会组织的本质属性不同，本文试图指出其发生作用的现实过程。调查发现，虽然可以通过财务审核等方式来获取组织的真实盈利状况，但多数资助方、合作者或志愿者团体往往通过观察社会组织的现有项目金额、服务与产品的收费情况等信息来判断其"经济状况"，并最终决定是否资助或提供公益支持。换句话说，虽然"非营利性"作为基本原则存在，但实际操作过程中的区隔与甄别会更加"严格"。一位负责项目审核的基金会负责人称，他们并不倾向于资助那些赢利能力较强的社会组织，即便其非营利性身份真实可靠，申报的项目也"十分出彩"。

（问：如果一个社会组织运作比较良好，项目很多，你们反而不太会资助吗？）是的，因为我们本身就会觉得它已经很有钱了嘛，那意思就是它完全就可以做这个事情，就不需要我们的这个资金。所以我们衡量一个组织就有多方面嘛，其中就是看这个组织是不是真的缺钱。（访谈编号：180617）

组织生态中各方行动者对"非营利性"外显特征的关注深刻影响了社会组织的行为。为了顺利获得资助，组织需要尽可能呈现简朴、高效、财务"紧张"的形象。在当前中国的公益事业发展阶段，这种表现实质上契合了公众对社会组织的合法性认知：清贫而无私的利他主义者。

4. 组织结构简单

社会组织的志愿性特征决定了它的经费与劳动力主要来自捐赠和志愿参与（Anheier & Salamon，1999），加之"非营利性"表现条件对财务的约束，组织通常无法大量雇佣领取工资的专职人员，而是高度依赖志愿者，因此具有成员构成简单、层级扁平的结构特征。某负责人描述了这种状况的合理性，即志愿性原则与成本考量的产物。

其实不需要。说实话，你想想一个庞大的机构，你是需要 20个、30 个（人），每个都去下社区，大家都去做，那个其实不需要，我完全可以一个专职（人员）对应 20 个讲师。其实我只需要一个专职（人员）来协调 20 个讲师，然后这个讲师他平时去做他的工作。他是来参加培训（笔者注：即志愿者），参加我们的课程，就是上课，然后呢我们可以给他一些补贴什么的，就是我们机构可以做到的，或者是学校可以给他一些补贴，那实际上这些人聚起来就是一团火，散出去就是个兵，完全可以降低机构成本，我不

需要招 20 个专职（人员）去上课。（访谈编号：170516）

当简单而扁平的组织结构不仅在经济层面合理，而且符合公益规则期待时，它就不再只是一种行业的特征，而逐步演化为多方参与者判定组织身份的标准：不同于企业组织采用劳动力价格机制来雇佣足够数量的专职人员，社会组织必须将有限的经费"花在刀刃上"，保持最少的专职人员，并大量引入志愿者参与。那些不具备这类特征的社会组织，不仅会遭遇经费使用"低效"或违规的评价，甚至可能被质疑"非营利性"属性，最终退出道德化市场。

5. 组织的网络合法性

与多数行业类似，社会组织的身份确定也受到网络合法性认可的强烈影响。该因素甚至能够作为其他门槛条件历史检验的集中正反馈，单独发挥作用。在通过以上四项门槛条件后，初创的社会组织开始与行业内其他组织或行动者互动。如果互动持续良好，它将不断积累网络中的合法性，进而提升自身市场地位；反之，则将丧失社会认可中的组织身份，并逐步退出市场。因此，积累的网络合法性构成社会组织持续参与道德化市场活动的隐性门槛。两位负责人描述了他们知道的基金会资助"潜规则"。

> 以 L 基金会（笔者注：国内某大型基金会）为例，其实它在国内做了那么多年，他资助的也就那么多家。其实大多数时候它采取的是熟人推荐的方式。（访谈编号：170815）

> 对，但是像 L 基金会（笔者注：国内某大型基金会），这种比较了解的，老客户还好，像其他可能没有筹过。（问：你得花时间去沟通？）对，可能不一定能筹上，新客户，需要花一些时间。（访谈编号：170727）

在被问及网络关系的意义是否仅在于获取资助信息时，多数从业者认为并非如此。他们指出，公益资助的首要目的是扶持有社会意义的项目，与最终绩效评估同样重要的是确定组织和项目的"公益身份"。因此，"在这个圈子里有长时间的好口碑"绝不仅仅是"知名度"的问题，更兼具价值认同证明与信用担保的功能。除了与资助方的互动，认同与担保的意义同样存在于志愿者招募环节。一位在这方面颇有心得的负责人指出，虽然社团组织化的大学生是理想的志愿者来源，但只有口碑良好且真正做公益的机构才能吸引他们参与。

> 前期我跟 A 大学的一些老师，做的第一个项目就是关于志愿者，原来刚来的时候就是我一个人，就是想做一下我们这边人力做不到的事情，然后我们就申请了跟 A 大学合作。所以就花了很多的时间去培养，差不多有十个志愿者。然后包括我们之初的基础，基础知识和拓展技巧，还有代理技巧，然后给他们培训，就是和学生志愿者建立了很好的基础关系，然后就有了很好的口碑效应。他们老师就知道了，就愿意介绍志愿者。然后渐渐地志愿者就都愿意到我们这边来，（我们）可能更加关注志愿者的培养。（访谈编号：20180619）

综上所述，当一个合法注册的社会组织对外明确宣称自己的价值理念，以合乎社会公益认知的方式开展管理、营造成员结构，那么它将比较顺利地进入与一般市场相对区隔的公益市场空间，并在与其他组织的持续互动中获得群体认同，实现长期生存。组织发展所必需的各项活动（包括寻找资助、选择合作者、招募志愿者等）都发生在这个区隔的市场之中。因此，社会组织通常不会与市场企业正面竞争，这正是道德化市场逻辑在公益领域的体现：公益价值约束了进入主体的身份，进而形塑了组织生态的宏观特征——市场区隔。

五　区隔市场内的社会组织行为："价值－利益"双目标

公益价值的影响并不止于形塑道德化市场的整体形态，还会渗透影响区隔市场内主体的具体行为。虽然社会组织能够采用包括企业策略在内的多重方案，但具有更加明显的"价值－利益"双目标导向的混合特征。具体可表现为如下几个方面。

1. 产品或服务的成本定价

社会组织通常从政府部门、基金会、企业或个人获取资金支持（Spires et al.，2014），但激烈竞争与财务管理的短周期特征都会导致组织经常面临经济压力（朱健刚，2004）。为了保证长远发展，出售产品或提供有偿服务势在必行。不过，这种泛化的社会企业行为受到公益价值的强烈影响：出于规范内化或外在约束的考虑，多数社会组织都会选择成本定价，并十分注意就收费与公益性的潜在矛盾做出合理化解释。无论是刚尝试收费还是已经习惯有偿服务的社会组织，其负责人在访谈中都强调这种价格的"非市场性"。

> 我们也开始进行一些适当的收费，但是标准都是非常低的。像现在一个学期 100 块钱，或者一个暑期 50 块钱，还是蛮低的，就是一些象征性的收费。（访谈编号：170727）
>
> （笔者注：组织长期项目）活力学堂是完全没有免费的，亲子园也会收一定费用，4 个月 1000 块。但是这个价格只是正常市场价格的 1/5。（访谈编号：170724）

仅仅宣称"成本价"尚不足以打消公众的疑虑和非议，甚至在组织内部也有可能引发关于是否背离公益初心的分歧。如何建构合理化解释来实现"价值－利益"的均衡成为组织必须解决的问题。有的组织尝试从引导被服务对象的责任感角度切入，将价格定义为一种激励机制，督促被服务者参与实现公益目标。

> 艺术培训这个课程，以前是不收费的，现在开始收费了。不过第一年不收费，第二年一个家长一个学期 100 块。这 100 块钱，最后是作为班费来使用。我收你这 100 块钱，只是做个形式，希望你孩子能为这 100 块钱负责，不是你为这钱负责，是你孩子。（访谈编号：170609）

也有组织不自觉地采用了市场信号思路，声称被服务对象只能通过有偿服务对组织产生信任和对质量予以认可，进而提高参与率、保证公益目标真正达成。

> 他们（笔者注：家长们）觉得不收费的是不合理的。现在社会信任基础都很弱，觉得没有免费的午餐。那边的一个小店（店主）的女儿，四年级。开始的时候，（店主）是死活不让她来，不让她来不是（认为）不好，是认为有猫腻，认为有什么坑，等着（他们）跳。（访谈编号：170815）

2. 区隔性"客户"与差异化收费

理论上讲，如果能够在成本定价的前提下尽可能扩大买家数量，则会带来更大的经济收益与社会影响力。但对绝大多数社会组织而言，这一完全合乎市场逻辑的选择并不可取。为了坚持并强化活动的公益属性，它们只能将"客户"限定在组织目标指向的"弱势群体"范围内，以满足自身的双目标诉求和社会的期待——这正是志愿失灵中"慈善的特殊注意"在行动层面的根源。一位组织负责人在访谈中表达了对象区隔的决心和理由，甚至不惜以变通支付的方式坚持这一原则。

> 我们觉得很有钱的人，你就到外面去上商业的课吧，然后呢剩

下的上不起的人，可以到我们这里来上课。如果你能负担得起，你就交；如果你真的负担不起，我们发现你真的没这个钱，但我们还是会想办法让你来上课的。说我们可以用劳动交换或者什么的。（访谈编号：170724）

不过，并非所有社会组织都有明确而稳定的对象区隔标准。"弱势群体"的概念自然适用于绝大多数来沪的"流动儿童"，但也并不排斥"读写障碍儿童"或家庭贫困的本地孩子。在实际活动中，社会组织会积极探索价值目标允许下的多种操作方案。

孩子来报名的时候，（我们）会问一下家庭情况。我们主要是针对流动儿童，但是我们还有一个，就是我们，嗯，一般的，上海贫困家庭的孩子也可以过来。因为我们的图书室是开放的，用来看书其实是没问题的。但是我们的课程他是没办法参加的。他可以找我们借书看。（访谈编号：170727）

少数情况下，社会组织的活动会对原初服务对象之外的群体产生巨大吸引力，或者资助方要求面向其他群体，此时组织将采用差异化收费的方式加以处理：针对贫困的原初目标群体依然采用成本定价（甚至免费），而对经济状况较好的群体采用市场定价。

暑托班我们是会收费的，但是根据你的家庭经济情况来定。家庭经济条件不好的，可以来我们这里申请半价或者免费；家庭条件好一点的孩子，我们收费也会相对高一些，甚至达到市场价。（访谈编号：170816）

值得注意的是，如果引入差异化定价依然不能规避市场化与公益的矛盾，社会组织同样需要建构话语合理性。调查发现第一类做法可以称为"补贴机制"。组织宣称扩大服务范围的目的在于通过向本地家庭收取费用来补贴外来弱势群体服务项目，从而保障公益产品和服务的质量；第二类做法则涉及更深刻的教育理念。通过提升或深化组织的公益诉求，将"打破区隔"解释为必要的手段。一位致力于提高"流动儿童"城市融入与自我发展的组织负责人表示，只有让不同阶层和家庭背景的孩子"一起学习、游戏、交朋友"，才能真正实现组织的长远目标。

3. 基于价值认同的志愿者招募与管理

理论研究或经验观察均已发现，社会组织的运作高度依赖志愿者参与（Spires et al.，2014），二者间实际构成了某种劳动力的需求与供给关系。虽然社会组织希望采用多种激励方式招募志愿者，但在公益规范的约束下它必须放弃包括工作报酬、正式合同等市场化手段，将宣传重点集中于营造价值认同。

调查发现，多数社会组织在招募志愿者时只会给予有限的经济补偿，并且明确指出这并非劳动报酬。这一方面源于公益行业的资金使用规则约束，但更重要的原因在于社会组织对"志愿精神"的价值坚持：低报酬可作为某种筛选手段，只有真正具备"志愿精神"的参与者才会接受组织的"出价"。反之，若以市场价格作为激励，将破坏行业整体生态，降低公益性志愿者的总体比例，导致整体服务质量下降。一位负责人对此深信不疑。

> 我明确反对给志愿者报酬，反对给志愿服务做市场定价。但是坚定支持给志愿者提供诸如餐费补贴、交通补贴等费用支持。我们机构在招募志愿者的时候绝对会说明没有任何经济报酬，但会尽力给志愿者提供除时间、精力和技能之外的成本支持。我认为近些年某些公益组织在带头破坏行业生态，会给志愿服务明码标价，虽然价码会比同等付出的劳动力市场定价低，但也足够吸引一些根本没有志愿精神的兼职者进入。我认为既然是以志愿者的身份参与公益事业，首先应该理解这三个字的定义，不需要组织方额外说

明。给志愿者和志愿服务标价或者变相标价对这三个字是一种亵渎。（访谈编号：180709）

另一个问题涉及社会组织与志愿者间订立合同的必要性。由于持续志愿参与对组织活动开展意义重大，维持与管理志愿者成为多数组织的现实需求。

> 我们觉得与志愿者签订协议非常有必要，但个人认为因为没有法律法条可依，志愿服务协议可能无法像劳动合同一样约定期限，也无法约定违约责任，所以协议对于流动性的约束意义有限。机构与志愿者之间达成的服务期限更多只能用道德去约束……这个更多依赖机构制度建设的完善度和志愿者管理策略，但随着公益机构的成长，这应该是趋势。（访谈资料编号：180709）

但是实际情况并不像被访者预计的这般乐观。调查发现，绝大多数组织和志愿者之间都不存在关于工作时间长度、任务要求和具体回报的正式契约，而代之以项目倡导或工作指南等非正式约定。为了维护公益志愿参与的纯粹性，组织只能通过价值呼吁等手段唤起参与行为，即便因此面临巨大的人力资源短缺或不稳定压力。

4. 组织内部市场与公益的拆分

有研究指出，捐赠者与社会组织之间存在着基于金钱给予的权力不平等，前者能够决定社会组织的服务内容及对象（Reith，2010）。这正是多数组织基于公益价值外部约束考虑而放弃扩大市场收益的根本原因。但是，如果成本定价或差异性收费等方案依然无法维持正常运作，或者组织产生了独立自主、扩大发展的需求，那么采用市场化手段最终将不可避免。为了规避日益尖锐的公益身份与商业做法之间的矛盾，一个可行的方案是在组织内部进行拆分，以便在整体上维持"价值－利益"的双目标均衡。

位于上海的 B 组织是一个全面反映上述逻辑的生动案例。在早期阶段，B 组织致力于为流动儿童提供理财能力培训（"财商教育"）。随着项目深入，它逐渐积累了大量的课程产品与教学经验，但也开始遭遇发展瓶颈：一方面，有限的公益资助无法支持活动进一步扩大规模；另一方面，初步成功的教育产品表现出良好的市场前景。受到民政注册的组织身份和公益圈内的价值约束，B 组织无法在既有格局下实现发展诉求。于是它创造性地将组织一分为二：通过工商注册建立了一个全新的社会企业部门，专职提供市场化的财商教育，并利用丰厚的经济回报推进产品研发；在逐步摆脱资金约束后，B 组织将更高质量的财商教育公益服务推广至更大的群体和地区，较好地实现了"价值－利益"的双目标。

值得注意的是，调查中也发现了相反路径的成功案例。位于宁波的 H 公司早期只是一家从事教育器材开发与生产的普通企业。在创办国际学校的过程中，H 公司开始接触公益行业，并产生了服务"困境儿童"的意愿。正如 B 组织直接采用商业化手段会遭遇的公益价值约束一样，H 公司无法以单纯的企业身份开展大规模公益活动：即便不存在资金约束，但社会公众、志愿者群体，甚至被服务对象仍对其行为动机存在质疑。

> 企业做公益真的是很困难的。包括我们在跟公益圈子里的一些同人交流的时候，很多公益组织（人员）就不是很认可企业去做公益。他就会觉得，套上企业的帽子会有很多的非理性的成分，或者说不专业的或者不纯粹的成分在，这些都有可能的，然后甚至包括一些公益圈朋友，他就从来不看好任何一家企业做公益。（访谈编号：170809）

为了越过公益市场的区隔，H 公司首先尝试建立了企业社会责任部，并于 2014 年成立了相对独立的 H 基金会，最终得以成功进入公益领域。与 B 组织严格遵循既有公益价值的策略选择不同，H 公司的故事具有更为深刻的意义：道德化市场中的行动主体并非受到价值规范的单向约束，其也在反向塑造着社会的价值认知。当新的行动类型不断积累，包括门槛条件在内的既有宏观结构也或将被重新形塑。

六　结论与讨论：道德化市场的后果

社会组织的快速发展与无可取代的重要功能已经成为学界的广泛共识。在这一背景下，探讨其所处公益领域的整体特征与微观主体的行为逻辑具有重要的理论与现实意义。从经济社会学的经典命题"道德化市场"视角出发，本文对来自长三角地区的 23 家社会组织案例进行了分析。研究发现，社会组织所处的公益领域同样具有市场特征。但与一般市场的差别在于，公益价值不仅造成了一系列涉及市场主体身份认定的门槛条件，形塑了宏观层面的市场区隔，而且将持续影响社会组织的行动过程，使之呈现对"价值－利益"双目标均衡的追求。

基于以上分析结论，志愿失灵的四个侧面能够得到更清晰的解释。除去经济波动或福利"搭便车"等结构性问题（萨拉蒙，2008：17～34），慈善不足产生的重要原因在于社会组织无法以一般市场企业的方式来吸纳或扩大投资来源；道德化市场的价值要求内生具有判定合格服务对象的特征，使得慈善的特殊主义和家长式作风难以避免；而社会组织对志愿服务的依赖与价值认可则造成了慈善的业余性。综上所述，受限于公益价值的约束，道德化市场内的社会组织难以通过一般市场逻辑来克服这些问题，政府有限介入方可实现优化。尽管源于局部案例的发现尚待后续深入研究的检验，笔者认为本文的结论仍然引出了几个具有普遍讨论的方向，对理解和引导中国社会组织的发展具有启发意义。

1. 公益市场区隔的利与弊

由于公益市场区隔产生于价值形塑的门槛条件，这在客观上保证了作为市场主体的社会组织的基本素质，为后续公益目标和社会功能的实现奠定了组织基础。首先，对于一个公益事业尚处于快速发展阶段的社会而言，这一点尤为重要；其次，边界清晰的市场区隔为更广大的社会力量参与提供了有效的信号机制。企业资本、公众捐赠和志愿者参与能够依据相对明确的门槛标准来完成对合适社会组织的初选。这不仅避免了资源的直接浪费，也有助于防止爱心"受挫"后的公益衰退。因此，承认并尊重业已形成的公益市场区隔是必要的。

不过需要注意的是，调查发现的门槛条件存在两类明显的缺陷。首先，固化而严苛的标准可能无法适应社会组织的快速发展。当多种形式的组织力量不断涌现，现有制度的甄别效果将遭遇挑战。如果制度自我优化长期滞后，则会极大地阻碍公益创新。其次，以网络合法性为代表的主观标准可能造成社会组织的"帮派化"，进而歪曲真实信号传递。对于大量初创且极具社会意义的草根组织而言，其负面影响不言而喻。因此，引导市场区隔门槛条件以客观标准为主的动态优化，是相关决策与研究者面临的重要课题。

2. 警惕"价值－利益"双目标的低水平均衡

从某种意义上讲，所有面临生存与发展压力的社会组织都具有社会企业的行为特征，即追求"价值－利益"双目标。在此基础上，组织开展的各种活动安排、结构调整、话语建构的创新行为都值得鼓励。只有微观主体持续做大做强，才能带来公益行业整体繁荣的良好局面。

值得警惕的是，"价值－利益"双目标引导下的社会组织并非必然走向优化，也有可能主动陷入低水平均衡。相对企业在激烈市场竞争中的"不进则退"，社会组织能以极低的经济成本长期休眠，且保持"价值"层面的身份属性（不少被访者将其称为"僵尸"状态）。无论是动力不足的自我选择，还是目标冲突带来的现实困境，这种低水平均衡都将损害公益行业的长远发展。解决这一问题的关键在于引入符合社会组织特征的竞争与退出机制，这尚待后续研究深入探讨。

【参考文献】

曹沛霖，1998，《政府与市场》，浙江人民出版社。

邓正来，2018，《市民社会与国家——学理上的分野与两种架构》，载邓正来《国家与社会：中国市民社会研究》，中国法制出版社。

冯钢，2012，《论社会组织的社会稳定功能——兼论"社会复合主体"》，《浙江社会科学》第 1 期，第 66～73 页。

甘阳，1998，《"民间社会"概念批判》，载张静主编《国家与社会》，浙江人民出版社。

胡德平，2007，《志愿失灵：组织理论视角的分析与治理》，《理论与现代化》第 2 期，第 51～55 页。

莱斯特·M. 萨拉蒙，2008，《公共服务中的伙伴：现代福利国家中政府与非营利组织的关系》，田凯译，商务印书馆。

刘世定，2017，《社会企业与牟利企业：来自经济社会学的理论思考》，《中国第三部门研究》第 13 期，第 3～19 页。

刘军宁，1995，《市场与宪政》，载刘军宁主编《市场逻辑与国家观念》第 1 期，三联书店。

李培林，2013，《我国社会组织体制的改革和未来》，《社会》第 3 期，第 1～10 页。

林淞、周恩毅，2009，《我国 NPO 志愿失灵的有效治理——兼论与"第四域"的融合》，《华中科技大学学报》（社会科学版）第 3 期，第 115～120 页。

莫洛·F. 纪廉等，2006，《经济社会学的复兴》，载莫洛·F. 纪廉主编《新经济社会学：一门新兴学科的发展》，姚伟译，社会科学文献出版社。

盛洪，1995，《作为公共机构的政府职能》，载刘军宁主编《市场逻辑与国家观念》第 1 期，三联书店。

孙立平，1992，《国家与社会的结构分化》，《中国社会科学季刊》第 1 期。

孙立平，1994，《改革前后中国大陆国家、民间统治精英及民众间互动关系的演变》，《中国社会科学季刊》第 6 期。

孙婷，2011a，《中国式"志愿失灵"表象剖析——以北京志愿服务为例》，《中国青年研究》第 10 期，第 54 ~ 58 页。

孙婷，2011b，《政府责任视角下志愿失灵原因探析》，《学术界》第 5 期，第 209 · 216 页。

王名、孙伟林，2010，《我国社会组织发展的趋势和特点》，《中国非营利评论》第 1 期，第 1 ~ 21 页。

王名，2009，《走向公民社会——我国社会组织发展的历史及趋势》，《吉林大学社会科学学报》第 3 期，第 5 ~ 12 页。

王名、朱晓红，2010，《社会企业论纲》，《中国非营利评论》第 2 期，第 1 ~ 29 页。

王名、刘求实，2007，《中国非政府组织发展的制度分析》，《中国非营利评论》第 2 期，第 92 ~ 144。

维维安娜·泽利泽尔，2006，《进入文化》，载莫洛·F. 纪廉主编《新经济社会学：一门新兴学科的发展》，姚伟译，社会科学文献出版社。

吴结兵、沈台凤，2015《社会组织促进居民主动参与社会治理研究》，《管理世界》第 8 期，第 58 ~ 66 页。

许光建、吴岩，2015，《政府购买公共服务的实践探索及发展导向，以北京市为例》，《中国行政管理》第 9 期，第 44 ~ 48 页。

杨丽、赵小平、游斐，2015，《社会组织参与社会治理：理论、问题与政策选择》，《北京师范大学学报》（社会科学版）第 6 期，第 65 ~ 67 页。

杨祖功、田春生、莫伟，1999，《国家与市场》，社会科学文献出版社。

郑杭生，2011，《社会建设和社会管理研究与中国社会学使命》，《社会学研究》第 4 期，第 12 ~ 21 页。

张莉、风笑天，2000，《转型时期我国第三部门的兴起及其社会功能》，《社会科学》第 9 期，第 64 ~ 67 页。

朱健刚，2004，《草根 NGO 与中国公民社会的成长》，《开放时代》第 6 期．第 36 ~ 47 页。

Almeling, R. 2007. "Selling Genes, Selling Gender: Egg Agencies, Sperm Banks, and the Medical Market in Genetic Material," *American Sociological Review*, 72

（3）：319 - 340.

Anheier, H. K. and Salamon, L. M. 1999. "Global Civil Society： Dimensions of the Nonprofit Sector," *Global Democracy Key Debates*, 42 （1）： 93 - 107.

Anteby, M. 2010. "Markets, Morals, and Practices of Trade： Jurisdictional Disputes in the U. S. Commerce in Cadavers," *Administrative Science Quarterly*, 55 （4）, 606 - 638.

Chan, S. C. 2009. "Creating a Market in The Presence of Cultural Resistance： The Case of Life Insurance in China," *Theory and Society*, 38 （3）： 271 - 305.

Dees, J. G. 1998. "Enterprising Nonprofits," *Harvard Business Review*, 76 （1）： 55 - 67.

Defourny, J. 2001. "Introduction： From Third Sector to Social Enterprise," in Carol B. and J. Defourny （eds. ）, *The Emergence of Social Enterprise*. London and New York： Routledge.

Dollery, B. and Wallis, J. 2004. "Economic Approaches to the Voluntary Sector： A Note on Voluntary Failure and Human Service Delivery," *International Review of Public Administration*, 8 （2）： 25 - 31.

Healy, K. 2006. *Last Best Gifts Altruism and The Market for Human Blood and Organs*. Chicago： University of Chicago Press.

Pestoff, V. A. 1998. *Beyond the Market and State： Social Enterprise and Civil Democracy in a Welfare Society*. Aldershot： Ashgate Publishing Company.

Reith, S. 2010. "Money, Power, and Donor-NGO partnerships," *Development in Practice*, 20 （3） ： 446 - 455.

Robbins, G. and Lapsley, I. 2008, "Irish Voluntary Hospitals： an Examination of a Theory of Voluntary Failure," *Accounting Business & Financial History*, 18 （1）： 61 - 80.

Salamon, L. 1987. "Of Market Failure, Voluntary Failure, and Third-Party Government： Toward a Theory of Government-Nonprofit Relations in the Modern Welfare State," *Nonprofit & Voluntary Sector Quarterly*, 16 （1 - 2）： 29 - 49.

Spires A. J. , Tao L. and Chan K. M. 2014. "Societal Support for China's Grass-Roots NGOs： Evidence from Yunnan, Guangdong and Beijing," *China Journal*, 71

(1)：65 - 90.

Young, D. R. 2001. "Organizational Identity in Nonprofit Organizations: Strategic and Structural Implications," *Nonprofit Management and Leadership*, 12 (2)：139 - 157.

Yue, L. Q. , Wang J. and Yang B. 2018. "Contesting Commercialization: Political Influence, Responsive Authoritarianism, and Cultural Resistance," *Administrative Science Quarterly*, doi：10. 1177/0001839218770456.

Zelizer, V. A. 1978. "Human Values and the Market: The Case of Life Insurance and Death in 19th-CenturyAmerica," *American Journal of Sociology*, 84 (3)：591 - 610.

Zelizer, V. A. 1989. "The Social Meaning of Money: Special Monies," *American Journal of Sociology*, 95 (2)：342 - 377.

Zelizer, V. A. 1996. "Payments and Social Ties," *Sociological Forum*, 11 (3)：481 - 495.

中国第三部门研究　第 16 卷
第 151～170 页
© SSAP，2018

行业协会的专利创新效应及其影响机制

——基于企业社会资本结构维度视角

杨育土[*]

摘　要：我国的行业协会长期游离在"国家创新体系"之外，其对技术创新的贡献一直被低估。在企业社会资本结构维度视角下，利用珠三角制造业企业调研数据，采用负二项回归模型，对行业协会的专利创新效应及其影响机制进行分析。得出以下结论：第一，行业协会对专利创新绩效具有显著的正影响；第二，不同类型的企业社会资本中介效应不同，技术社会资本最大，融资社会资本次之，政策社会资本和人才社会资本最小；第三，与传统产业相比，属于战略性新兴产业的企业加入行业协会更能够显著增加专利创新绩效。但产业类型对行业协会以及其他中介变量的专利创新效应没有起到显著的调节作用。

关键词：行业协会　企业社会资本　专利创新绩效　中介效应

* 杨育土，中山大学社会学与人类学学院博士研究生，主要从事经济社会学方面的研究，E-mail：yangyt3@ mail2. sysu. edu. cn。

一 引言

"中国特色社会主义进入新时代"是党的十九大为当前中国特色社会主义事业发展做出的总体定位。在新时代背景下,"加快建设创新型国家""加强国家创新体系建设"依然是转变经济发展方式、促进产业结构优化升级的重要路径。就建设"技术创新体系"而言,十九大报告对技术创新体系的定位是"以企业为主体、市场为导向、产学研深度融合"。这说明,社会组织,特别是行业协会,在"技术创新体系"乃至"国家创新体系"中的理念认识缺位依然是一个不可改变的事实,这与行业协会在技术创新实践中扮演的重要角色和产生的重要推动作用不相匹配。

行业协会作为一种兼具经济治理与社会治理双重功能的社会组织类型,一种介于政府与市场之间的第三方治理机构,对国民经济发展、产业转型升级都起到了重要作用。国内外的大量研究揭示了行业协会的经济发展功能(Nadvi & Schmitz, 1994;Doner & Schneider, 2000;汪永成,2005;雷鸣,2006)、产业升级功能(Schmitz, 1997;Schmitz, 1999;Knorringa, 1999;郁建兴、沈永东,2011;郁建兴、沈永东、吴逊,2011;郁建兴等,2013),以及技术创新功能(国鲁来,2003;王武科等,2009;阳毅等,2012;李鹏等,2015;浦文昌,2017)等。对技术创新功能的研究主要集中在农业技术创新的扩散和创新绩效的提升方面,而对非农领域的技术创新功能研究较为薄弱。值得一提的是,部分学者也对行业协会促进技术创新的机制做了一定的研究(阳毅等,2012;浦文昌,2017)。阳毅等(2012)对行业协会与产业集群创新的关系进行研究,总结了行业协会影响产业集群创新的机制,包括集群协调机制、创新激励机制、共负盈亏机制和组织保障机制四种。浦文昌(2017)通过对美国、德国、法国、印度等国家的行业协会、商会对技术创新的推动和促进作用进行多案例的比较分析,总结出行业协会、商会在技术创新中扮演了推动者、协调者、资源投入者等重要角色，其影响技术创新的机制包括成本分摊与成果共享机制、多元化协作机制、网络乘数机制等。

从以上讨论与梳理中可以看出，一是现有的技术创新体系并未将行业协会纳入行动主体范围，行业协会在技术创新中的作用没有得到应有的重视和发现，二是对行业协会技术创新功能的理论研究与经验研究都还比较薄弱，这在一定程度上影响了社会各界，特别是政策制定者对行业协会技术创新功能的认知，三是行业协会如何影响技术创新，其传导和影响的机制如何，这是一个非常复杂的问题，可能存在多元解释机制，至今仍然是一个有待解开的谜题。现有文献虽然进行了一定程度的总结和概括，但依然缺乏有力的经验验证。

本研究无意去探讨行业协会对整个创新体系的影响，而拟从专利创新这个侧面进行切入，运用实证分析方法，验证行业协会是否存在专利创新效应。接着，从企业社会资本结构维度视角出发，探索行业协会专利创新效应的传导机制是否存在。进一步地，分析不同的企业社会资本类型及其中介效应是否存在差异。最后，本研究还探讨了不同产业类型中，行业协会的专利创新效应差异以及企业社会资本的中介效应差异。

本文期望通过研究可以达到以下几个目的：一是通过定量分析验证行业协会专利创新效应的存在，为行业协会的技术创新功能提供一定的经验研究支持；二是为行业协会如何影响专利创新提供一种社会资本的解释机制，丰富行业协会专利创新功能的机制研究；三是揭示行业协会在技术创新中的促进作用，提醒社会各界，特别是政策制定者关注行业协会的技术创新功能，将行业协会纳入国家创新体系框架中，对行业协会的发展提供更加有力的支持，以更好地服务于创新型国家建设。

二　文献回顾与研究假设

（一）行业协会与专利创新

专利创新是技术创新的重要组成部分，专利创新绩效是技术创新的重要成果之一。现有文献尚无从行业协会与专利创新的关系进行研究，但已有的理论文献和案例分析支持了行业协会的某些特征和功能有利于技术创新的这一论断。首先，行业协会是一个会员单位的集合体，具有共同的行业利益目标，这样的组织特征有利于创新资源投入和创新利益分配的组织和协调（阳毅等，2012；浦文昌，2017）。其次，行业协会具有信息传递与知识共享的功能，可以促进技术创新的扩散，从而提升技术创新的绩效（Nadvi & Schmitz，1994；王武科等，2009；郁建兴、沈永东，2011）。最后，行业协会在一定程度上扮演了本行业技术标准制定者、技术路线规划者、技术政策倡导者，甚至技术创新实践者等多重角色，对规范行业技术、采取一致性的技术创新集体行动、形成技术创新合作等起到一定程度的促进作用，从而提升了技术创新绩效（翁东玲，2006；董新凯、陈晔，2014；浦文昌，2017）。

综合以上分析，本研究提出了以下假设：

H1　行业协会对专利创新绩效有显著的正影响。

（二）企业社会资本的中介效应

企业社会资本概念的建构性较强，定义不统一，研究维度也呈现多元化。学界对企业社会资本具有能力观和资源观两种界定，而企业社会资本的研究维度包括了个体维度、内外区分维度以及自身特征维度（韦影，2008）。其中，个体维度是将企业社会资本定义在个体层次，包括工人之间、工人与管理者之间以及管理者之间的关系（张其仔，2000），或者法人代表之间横向、纵向与社会的联系（边燕杰、丘海雄，2000）；内外区分维度是将企业社会资本按存在于企业内部还是外部分为企业内部社会资本和企业外部社会资本（郑胜利、陈国智，2002；Westlund，2003）；自身特征维度包括结构维度、关系维度以及认知维度。结构维度是指网络结构特征，包括网络联结、结构和专属网络；关系维度是指通过关系创造的资产，包括信任、规范和身份；认知维度是可以相互沟通的资源，包括语言、编码与叙事（Nahapiet & Ghoshal，1998）。

本研究采用的是基于资源观的企业社会资本概念。这种观点认为，企业社会资本是嵌入企业中的，可加以利用的、实际的或潜在的资源，这种资源可以为企业带来回报（Nahapiet & Ghoshal，1997；林南，2005）。本研究将企业社会资本看成一种可以提升企业专利创新绩效的资源投入，并按照专利创新的要素投入类型将企业社会资本分为政策社会资本、融资社会资本、技术社会资本和人才社会资本。在研究维度上，本研究采用结构维度视角，从企业社会资本的结构去分析行业协会与企业社会资本、企业社会资本与专利创新绩效之间的关系。

1. 行业协会与企业社会资本

已有研究表明，加入行业协会可以为企业增加获取社会资本的机会。行业协会扮演着社会中介组织或者市场中介组织的角色（李春来，2007；林跃勤，2012），这是行业协会自诞生伊始就有的角色定位。这种中介组织，其"结构洞"式的社会资本功能非常明显（吴军民，2005）。行业协会既可以成为企业与政府联系与沟通的桥梁，为企业与政府的良性互动创造条件（郁建兴，2006），也可以成为人才、技术等创新投入要素的培训机构，并且与协会以外的人才招聘培训机构，技术创新中心、高等院校等组织机构进行互动（李春来，2007），还可以为企业提供融资担保，与金融机构进行互动，缓解企业暂时的资金困境（李春来，2007）等。从以上分析可以看出，行业协会可以为企业增加与政府、人才招聘与培训机构、金融机构、技术创新中心、高等院校等与技术创新投入要素相关的机构进行互动的机会。

需要说明的是，本文重点分析加入行业协会以后，企业获得的社会资本有何变化。事实上，行业协会与社会资本之间的关系具有特殊性。行业协会与企业社会资本的关系可以分为组织内部的行业协会社会资本与组织外部的行业协会社会资本（石碧涛、张捷，2011）。组织内部的行业协会社会资本是指企业可以运用的，存在于行业协会内部的资源，是行业协会本身所具有的社会资本，可以理解为行业协会对企业社会资本获得的直接作用。因为行业协会本身就是一种技术和政策等信息资源的载体，对加入行业协会的企业而言，只要加入就可以直接获得。组织外部的行业协会社会资本是指企业通过行业协会这个平台，可以获取的协会以外的机构网络与资源，这是行业协会自身不能提供的，却能为会员企业带来的额外的社会资本，我们可以理解为是行业协会对企业社会资本获得的间接作用。本研究中，由于使用二手数据所造成的资料限制，不能有效区分行业协会对企业社会资本的直接作用和间接作用，只能从总体上分析企业加入行业协会以后，企业获得的社会资本发生了怎样的变化。

2. 企业社会资本与专利创新绩效

国内外对企业社会资本与技术创新之间关系的研究较为丰富，并且普遍认可企业社会资本对技术创新绩效具有促进作用。企业社会资本可以通过改善部门之间的资源交换程度，进而促进企业新产品的开发（Tsai & Ghoshal，1998），也可以通过促进知识的获取、转移与共享，提升企业技术创新绩效（Yli-Renko et al.，2001；Maurer et al.，2011；宋方煜，2012），进一步地，国内有学者通过实证分析，发现这种知识获取与共享的程度受到吸收能力的制约（韦影，2007；侯广辉、张键国，2013）。具体到企业社会资本与专利创新的关系研究方面，张振刚等（2016）对广东科技型小微企业进行了调查分析，发现企业社会资本可以通过促进产学研合作，进而促进专利产出。

综合以上分析可以看到，行业协会有利于增加企业的社会资本，而企业社会资本对专利创新绩效具有促进作用。因此，本研究提出了以下假设：

H2 企业社会资本在行业协会对专利创新绩效中起到中介作用。即与没有加入行业协会的企业相比，加入行业协会的企业，其

企业社会资本更多，专利创新绩效也更好

据此，我们构建了行业协会、企业社会资本与专利创新绩效之间关系的理论模型（见图 1）。

图 1　行业协会影响专利创新绩效的理论模型

三　研究设计

（一）数据来源与模型选择

本研究所使用的数据由中山大学珠三角改革发展研究院收集。2012 年，该研究院组织了一个针对广东省中山、惠州、佛山以及东莞等 4 个地级市的制造业企业进行的"珠三角制造业企业转型升级问卷调查"。该调查使用的抽样方法是随机分层抽样，依据产业类型和产业内各类型企业的比例进行抽样，问卷填答方式为企业自填式，主要由企业内部副经理以上的管理人员进行填写，共收回 1568 个有效样本。其中，归属于传统产业的有效样本有 1278 个，归属于战略性新兴产业的有效样本有 290 个。

本文所研究的因变量专利创新绩效采用的是专利发明数量。专利发明的数量为非负整数，因此在理论上适宜使用计数模型。泊松回归模型（Poisson Regression Model）是最常见的计数模型。泊松模型假定因变量 y 服从泊松分布：

$$f(y_i|x_i) = \frac{e^{-u_i}u_i^{y_i}}{y_i!}, y_i = 0,1,2,\cdots\cdots \qquad \text{式（1）}$$

在式（1）中，y_i 表示因变量，x_i 表示自变量，u_i 表示泊松到达率。使用泊松回归模型有一个基本的前提条件，即因变量的均值和方差相等，然而在现实中这种情况非常少见，经常会出现的情况是因变量的方差明显大于均值，即"过度分散"（over-dispersion）问题。从表 2 中可以看出，本研究的因变量方差明显大于均值，在这种情况下，继续泊松回归进行估计值虽然在理论上仍然具有有效性，但模型估计的效率会大大降低。因此，使用泊松回归估计不适合这种因变量方差大于均值的情况，应该采用负二项回归模型（Cameron & Trivedi，2007）。负二项回归是在泊松回归的基础上，对泊松回归的条件均值 u_i 引入一个随机效应，使得条件方差大于均值，具体公式如式（2）所示：

$$Var(y_i|x_i) = u_i + \alpha u_i^2 > u_i = E(y_i|x_i) \qquad 式（2）$$

由于本研究的中介变量企业社会资本是一个等级变量，因此采用有序逻辑斯蒂回归模型来分析行业协会与企业社会资本之间的关系。

关于中介效应的判断，本研究采用 Baron 和 Kenny 在 1986 年提出的判断方法。该方法指明建立变量之间的中介关系需要同时满足以下三个条件：第一步是自变量显著影响因变量；第二步是自变量显著影响中介变量；第三步是自变量、中介变量显著影响因变量。在回归结果中，如果自变量的回归系数在第三步中小于第一步，且自变量在第三步回归中依然显著影响因变量，则存在部分中介效应。如果自变量的回归系数在第三步中变得不显著，且中介变量对因变量具有显著影响，则存在完全中介效应。

此外，必须说明的是，Baron 和 Kenny（1986）提出的关于中介效应的逐步判别法是基于最小二乘法的线性回归。此时，模型的因变量要求是连续变量。随着对中介效应研究的不断深入，一些学者对 Baron 和 Kenny（1986）的方法进行了诸多改进。其中一个重要的改进是将因变量从连续变量扩展到非连续变量，目前主要讨论的是因变量为等级变量的情形，他们强调中介效应判别中具体的回归方法要根据因变量的情况而定，并且选择合适的中介效应分析方法。如果因变量不是连续变量，采用了最小二乘法的线性回归，则会出现估计偏误（Iacobucci，

2012；刘红云等，2013；温忠麟、叶宝娟，2014）。从前文可知，本研究的因变量不是连续变量，而是一些非负整数组成的离散变量。因此，使用传统的线性回归不再适合，本研究采用负二项回归模型进行估计。为了便于回归结果与显著性的比较，本研究在三个步骤中都采用负二项回归模型。

（二）变量设计及其测量

本研究的因变量为专利创新绩效，以企业发明的专利数来衡量。我国的专利数量测量包括发明专利数、实用新型专利数以及外观设计专利数。本研究参考了余泳泽和刘大勇（2013）的做法，综合考虑这三种专利在创新难度、创新程度和创新价值等方面的差异，分别对这三个变量赋予了0.5、0.3、0.2的权重进行加权，从而构建了一个专利创新绩效的指标。

本研究的核心自变量为是否加入行业协会。这是一个二分变量，1表示被调查企业加入了行业协会，0表示被调查企业没有加入行业协会。

本研究的中介变量企业社会资本是一个数值变量，以0~9表示。分数越高，表示企业与该机构交往越频繁，企业社会资本越高。为了对不同细分类型的企业社会资本中介效应大小进行考察，本研究根据专利创新主要投入要素（政策、资金、技术、人才）将企业社会资本细分为政策社会资本、融资社会资本、技术社会资本和人才社会资本。现有研究中，关于企业社会资本的分类一般是按主体进行的，比如，分为企业外部社会资本和企业内部资本，其依据是按该资本是在企业这一主体的内部还是外部（郑胜利、陈国智，2002；Westlund，2003），将企业外部资本分为与上下机构形成的纵向联系和与企业、金融机构、高校、科研院所等机构形成的横向联系（郑胜利、陈国智，2002），其分类方法也是基于主体的。为了更加具体深入地分析不同类型企业社会资本对专利创新绩效的影响有何差异，本研究从影响技术创新的要素投入角度，对企业社会资本分为四类：政策社会资本、融资社会资本、技术社会资本、人才社会资本。本研究只采取企业社会资本的结构维度来分析。已有文献表明，企业社会资本的结构维度包括网络联结、结构和专属网络（Nahapiet & Ghoshal，1998）。本研究借鉴丘海雄、谢昕琰（2016）的做法，将"联系频率"作为企业社会资本结构维度的测量指标。因此，政策社会资本为专利创新绩效提供各种政策支持，用企业与政府机构的联系频率来表示；融资社会资本为专利创新绩效提供各种资金支持，用企业与金融机构的联系频率来表示；技术社会资本为专利创新绩效提供各种技术支持，用企业与本地创新中心的联系频率来表示；人才社会资本为专利创新绩效提供各种人才支持，用企业与人才招聘和培训机构的联系频率来表示。

本研究的控制变量包括总经理年龄、总经理性别、总经理受教育程度、总经理与公司关系、公司经营年限、公司研发人员比例、公司规模等。

四 实证结果与分析

（一）变量的信效度检验

本研究采用 Cronbach's Alpha 系数测量各变量所含题项的信度，用验证性因子分析 KMO 与因子载荷测量各变量所含题项的效度。具体的结果如表 1 所示。

专利创新绩效的 Cronbach's Alpha 系数大于 0.60，企业社会资本的 Cronbach's Alpha 系数大于 0.80，说明这两个变量的信度都在可接受的范围以内，并且企业社会资本的信度较高。专利创新绩效和行业协会变量所有题项的因子载荷和 KMO 值都大于 0.51，说明其效度都符合要求，其中，企业社会资本的因子载荷和 KMO 值大部分都大于 0.66，效度较专利创新绩效高。

表 1　各变量题项的信效度分析

变量	题项	Cronbach's Alpha	因子载荷	KMO
专利创新绩效	发明专利	0.6072	0.5506	0.6402
	实用新型专利		0.6365	0.5963
	外观设计专利		0.5148	0.6670
企业社会资本	政策社会资本	0.8042	0.7172	0.7849
	融资社会资本		0.6610	0.7782
	技术社会资本		0.6721	0.7730
	人才社会资本		0.7428	0.7640

（二）描述性统计分析

表 2 汇报了各变量描述性统计分析的结果，包括各变量的均值、标准差、最小值、最大值以及变量类型、变量计算等描述。

表 2　描述性统计

变量	均值	标准差	最小值	最大值	描述
因变量					
发明专利	4.78	9.81	1	45	非负整数
实用新型专利	11.28	20.60	1	78	非负整数
外观设计专利	7.48	15.08	1	75	非负整数
专利创新绩效	7.28	11.01	1	50.08	以上三种专利加权得到
核心自变量					
行业协会	0.48	0.50	0	1	二分变量，0 为否，1 为是
中介变量					
企业社会资本	5.09	1.98	0	9	四种社会资本求平均得到
政策社会资本	5.85	2.20	0	9	0~9 分，0 最小，9 最大
融资社会资本	5.77	2.41	0	9	0~9 分，0 最小，9 最大

续表

变量	均值	标准差	最小值	最大值	描述
中介变量					
技术社会资本	3.95	2.82	0	9	0~9 分，0 最小，9 最大
人才社会资本	4.80	2.51	0	9	0~9 分，0 最小，9 最大
控制变量					
总经理年龄	45.36	8.21	23	80	非负整数
总经理性别	1.08	0.27	1	2	二分变量，0 为女，1 为男
总经理受教育程度	3.14	1.09	1	5	5 分量表，1 为初中及以下，5 为研究生及以上
总经理与公司关系	3.15	1.24	1	4	4 分量表，1 为外聘，4 为创始人
公司经营年限	10.15	6.53	0	61	非负整数
公司研发人员比例	0.06	0.08	0	1.53	研发人员/公司员工数
公司规模	467.77	1355.78	4	31010	公司员工数
产业类型	0.18	0.39	0	1	二分变量，0 为传统产业，1 为战略性新兴产业

（三）行业协会对专利创新绩效的影响分析

1. 行业协会对专利创新绩效的影响及其机制

表 3 汇报了行业协会对专利创新绩效的影响。第一步回归中，行业协会对专利创新绩效产生了正影响，且在 0.1% 的显著性水平上显著，回归系数为 2.19，假设 H1 得到支持。第二步回归中，行业协会对企业社会资本产生了正影响，且也在 0.1% 的显著性水平上显著。第三步回归中，行业协会和企业社会资本都对专利创新绩效产生了正影响，在 0.1% 的显著性水平上显著。而且，行业协会的回归系数从第一步回归中的 2.19 下降到 1.85，根据 Baron 和 Kenny（1986）对中介效应的判断标准，企业社会资本在行业协会对专利创新绩效影响中起到部分中介效应，假设 H2 也得到了支持。

表 3　行业协会对专利创新绩效的影响

	总体样本		
	第一步回归	第二步回归	第三步回归
模型选择	负二项回归（稳健）	负二项回归（稳健）	负二项回归（稳健）
因变量	专利创新绩效	企业社会资本	专利创新绩效
行业协会	2.19***	1.19***	1.85***
	(0.19)	(0.02)	(0.16)
企业社会资本			1.20***
			(0.02)
控制变量	控制	控制	控制
常数项	1.11	无	0.63
	(0.42)	无	(0.22)
卡方值	301.53	216.10	512.11
似然函数值	-4446.34	-3269.41	-4391.82
观测值	1568	1568	1568

*** 、** 、* 分别表示在 0.1% 、1% 、5% 水平上显著。

注：括号内为标准差。

2. 进一步的讨论

（1）不同企业社会资本类型中介效应的差异

表 4 汇报了不同企业社会资本类型在行业协会专利创新效应中所起中介作用的差异。从结果看，依然是依照 Baron 和 Kenny（1986）的判断方法，四种不同的企业社会资本在行业协会对专利创新绩效的影响中都起到了部分中介效应。但是，它们中介效应的大小不同。对政策社会资本而言，行业协会的回归系数从 2.19 下降到 2.04，下降了 0.15；对融资社会资本而言，行业协会的回归系数从 2.19 下降到 1.95，下降了 0.24；对技术社会资本而言，行业协会的回归系数从 2.19 下降到 1.83，下降了 0.36；对人才社会资本而言，行业协会的回归系数从 2.19 下降到 2.05，下降了 0.14。因此，从中介效应的大小来看，技术社会资本最强，政策社会资本和人才社会资本相差不大，融资社会资本

是最小的。

表 4 不同企业社会资本类型中介效应的差异

	政策社会资本	融资社会资本	技术社会资本	人才社会资本
第一步回归				
自变量影响因变量	2.19*** (0.19)	2.19*** (0.19)	2.19*** (0.19)	2.19*** (0.19)
第二步回归				
自变量影响中介变量	1.15*** (0.02)	1.18*** (0.03)	1.30*** (0.05)	1.17*** (0.03)
第三步回归				
自变量影响因变量	2.04*** (0.17)	1.95*** (0.17)	1.83*** (0.16)	2.05*** (0.17)
第三步回归				
中介变量影响因变量	1.11*** (0.02)	1.12*** (0.02)	1.07*** (0.01)	1.11*** (0.02)

***、**、* 分别表示在 0.1%、1%、5% 水平上显著。

注：括号内为标准差，各步骤回归方法与表 3 相同。为了方便对比分析和提高结果表达的简洁性，在表中未报告控制变量、常数项、卡方值、似然函数值、观测值等相关情况，有兴趣的读者可向作者索取。

（2）不同产业类型中行业协会专利创新效应的差异

不同产业类型的行业协会可能呈现不同的特征，其社会资本结构特征可能不同，对专利创新的影响也可能有差异。战略性新兴产业的行业协会与传统产业相比，表现出不同的类型化特征（郁建兴、沈永东、吴逊，2011）。因此，进行不同产业类型的差异分析很有必要。

表 5 汇报了传统产业与战略性新兴产业在发明专利、实用新型专利、外观设计专利、企业社会资本以及加入行业协会比例等五个变量的均值比较情况。从表 5 可以看出，战略性新兴产业的专利创新绩效比传统产业好，是传统行业的两倍以上；战略性新兴产业的企业社会资本也比传统产业高；战略性新兴产业加入行业协会的比例也比传统产业高一些，说明战略性新兴产业加入行业协会的意愿比传统产业强。

表 5 传统产业与战略性新兴产业相关变量的均值比较

	发明专利	实用新型专利	外观设计专利	企业社会资本	行协比例
传统产业	3.57	9.34	6.62	4.93	0.47
战略性新兴产业	10.12	19.81	11.31	5.79	0.58

表 6 汇报了不同产业类型的差异对分析结果的影响。从表 6 可以看出，产业类型作为控制变量对专利创新绩效产生了显著的影响，回归系数为 1.74，在 0.1% 的显著性水平上是显著的。这说明相对于传统产业，战略性新兴产业更有利于专利产出的增加。通过将产业类型与行业协会、企业社会资本、政策社会资本、融资社会资本、技术社会资本以及人才社会资本做交互项得出，产业类型对他们的专利创新效应均没有起到显著的调节作用。

表 6 产业类型的差异对分析结果的影响

产业类型的影响	回归系数与标准差
产业类型作为控制变量	1.74 *** （0.27）
交互项：产业类型 * 行业协会	0.84 （0.32）
交互项：产业类型 * 企业社会资本	1.00 （0.04）
交互项：产业类型 * 政策社会资本	0.99 （0.04）
交互项：产业类型 * 融资社会资本	1.00 （0.03）
交互项：产业类型 * 技术社会资本	1.03 （0.03）
交互项：产业类型 * 人才社会资本	0.98 （0.03）

***、**、* 分别表示在 0.1%、1%、5% 水平上显著。

注：括号内为标准差，回归方法与表 3 相同。为了方便对比分析和提高结果表达的简洁性，在表中未报告其他变量、常数项、卡方值、似然函数值、观测值等相关情况，有兴趣的读者可向作者索取。

五 结论与建议

行业协会对企业经营绩效，产业经济发展的作用是公认的。然而，行业协会一直都游离在"国家创新体系"之外，其对企业创新绩效的作用一直被低估。本研究意在重新审视与发现行业协会的技术创新效应，从企业社会资本理论视角出发，运用负二项回归模型探讨了珠三角制造业企业行业协会的专利创新效应，并在此基础上分析了企业社会资本的中介作用。本研究形成了以下结论：一是行业协会对专利创新绩效具有显著的正影响；二是细分不同类型的企业社会资本研究发现，四种不同的企业社会资本都在行业协会对专利创新绩效的影响中起到部分中介效应，但中介作用大小不同。技术社会资本中介效应最强，政策社会资本与人才社会资本次之，融资社会资本最弱。三是对不同产业类型的比较发现，战略性新兴产业中专利创新绩效、企业社会资本与加入行业协会的比例都比传统产业好。与传统产业相比，战略性新兴产业更能够显著增加专利创新绩效。但产业类型对行业协会以及其他中介变量的专利创新效应没有起到显著的调节作用。

从现实的层面讲，本研究的结论对行业协会与技术创新关系研究方面具有如下启示。一是要重视行业协会在技术创新中的作用。学术界要重新审视行业协会在技术创新中的贡献，对行业协会在技术创新过程中的地位和作用进行更加深入的理论和应用研究。在强调社会组织参与社会治理的同时，也应该强调社会组织，特别是行业协会在科技创新和经济发展中所起到的作用。技术创新的主体不仅包括政府、企业、科研院所等，也应该包括行业协会在内的社会组织机构。二是在进行技术创新过程中，要重视行业协会外部社会资本的利用，特别是技术社会资本和融资社会资本。三是要关注不同产业类型的行业协会对技术创新绩效影响的差异。要大力促进战略性新兴产业行业协会的发展，并引导行业协会更加积极地为企业的技术创新贡献力量。四是要继续推进行业协会组织制度改革，处理好政府与行业协会之间的关系，恢复其民间社会组织的本质属性，只有这样，才能更好地激发行业协会的活力和创造力，从而为技术创新提供更加有力的支持。

【参考文献】

边燕杰、丘海雄，2000，《企业的社会资本及其功效》，《中国社会科学》第 2 期，第 87 ~ 99 页。

董新凯、陈晔，2014，《谈专利标准化中行业协会的竞争促进功能》，《科技管理研究》第 9 期，第 122 ~ 126 页。

国鲁来，2003，《农业技术创新诱致的组织制度创新——农民专业协会在农业公共技术创新体系建设中的作用》，《中国农村观察》第 5 期，第 24 ~ 31 页。

侯广辉、张键国，2013，《企业社会资本能否改善技术创新绩效——基于吸收能力调节作用的实证研究》，《当代财经》第 2 期，第 74 ~ 86 页。

雷鸣，2006，《商会和行业协会在日本经济高速增长过程中的作用》，《现代日本经济》第 4 期，第 6 ~ 10 页。

李春来，2007，《江苏民营经济进一步发展与商会（行业协会）作用的发挥——一个市场中介组织视角的分析》，《南京社会科学》第 3 期，第 138 ~ 14 页。

李鹏、张昭、张俊飚、吴海霞、李平，2015，《专业协会组织平台下农业技术创新链与产业链深度衔接及融合研究》，《科技进步与对策》第 13 期，第 64 ~ 68 页。

林跃勤，2012，《社会中介组织腐败预防与规范治理：基于行业协会的视角》，《社会科学战线》第 1 期，第 177 ~ 183 页。

林南，2005，《社会资本：关于社会结构与行动的理论》，上海人民出版社。

刘红云、骆方、张玉、张丹慧，2013，《因变量为等级变量的中介效应分析》，《心理学报》第 12 期，第 1431 ~ 1442 页。

浦文昌，2017，《行业协会商会在国家创新体系中的地位和作用——基于国外典型案例的讨论》，《中共浙江省委党校学报》第 2 期，第 24 ~ 31 页。

丘海雄、谢昕琰；2016，《企业技术创新的线性范式与网络范式：基于经济社会学视角》，《广东财经大学学报》第 6 期，第 16 ~ 26 页。

石碧涛、张捷，2011，《社会资本与行业协会的治理绩效分析——以广东东莞行业协会为例》，《经济管理》第 5 期，第 165 ~ 174 页。

宋方煜，2012，《企业社会资本与企业创新绩效的关系研究——知识转移的中介作用》，《东北大学学报》（社会科学版）第 5 期，第 412~417 页。

翁东玲，2006，《应对技术壁垒——构建企业、行业协会、政府的战略联盟》，《福建论坛》（人文社会科学版）第 9 期，第 33~36 页。

韦影，2007，《企业社会资本与技术创新：基于吸收能力的实证研究》，《中国工业经济》第 9 期，第 119~127 页。

韦影，2008，《企业社会资本的概念与研究维度综述》，《科技进步与对策》第 2 期，第 197~200 页。

王武科、李同升、刘笑明，2009，《不同尺度下农业创新技术空间扩散的实证研究——以中国果业协会果业技术扩散为例》，《人文地理》第 1 期，第 76~80 页。

温忠麟、叶宝娟，2014，《中介效应分析：方法和模型发展》，《心理科学进展》第 5 期，第 731~745 页。

余泳泽、刘大勇，2013，《我国区域创新效率的空间外溢效应与价值链外溢效应——创新价值链视角下的多维空间面板模型研究》，《管理世界》第 7 期，第 6~20 页。

阳毅、游达明，《产业集群创新中行业协会的构成体系与运行机制》，《经济地理》第 5 期，第 103~106 页。

郁建兴，2006，《行业协会：寻求与企业、政府之间的良性互动》，《经济社会体制比较》第 2 期，第 118~123 页。

郁建兴、沈永东，2011，《行业协会在产业升级中的作用：文献评论》，《中国行政管理》第 9 期，第 53~58 页。

郁建兴、沈永东、吴逊，2011，《行业协会促进产业升级的作用类型及其实现机制——一项多案例的研究》，《浙江大学学报》（人文社会科学版）第 6 期，第 23~35 页。

郁建兴、沈永东、周俊，2013，《政府支持与行业协会在经济转型升级中的作用——基于浙江省、江苏省和上海市的研究》，《上海行政学院学报》第 2 期，第 4~13 页。

吴军民，2005，《行业协会的组织运作：一种社会资本分析视角——以广东南海专业镇行业协会为例》,《管理世界》第 10 期,第 50 ~ 57 页。

汪永成,2005,《地方政府培育发展行业协会的策略——基于民营经济发展的视
　　角》,《中国行政管理》第 6 期,第 81 ~ 85 页。

张其仔,2000,《社会资本与国有企业绩效研究》,《当代财经》第 1 期,第 53 ~
　　58 页。

张振刚、李云健、袁斯帆、高晓波,2016,《企业家社会资本、产学研合作与专
　　利产出——合作创新意愿的调节作用》,《科学学与科学技术管理》第 7
　　期,第 54 ~ 64 页。

郑胜利、陈国智,2002,《企业社会资本积累与企业竞争优势》,《生产力研究》
　　第 1 期,第 133 ~ 135 页。

Baron, R. M. and Kenny, D. A. 1986. "The Moderator-Mediator Variable Distinction
　　in Social Psychological Research: Conceptual, Strategic, and Statistical Consid-
　　erations," *Journal of Personality and Social Psychology*, 1173 – 1182.

Cameron and Trivedi. 2007. "Microeconometrics: Methods and Application," *Economic
　　Record*, 112 – 113.

Doner, R. F., Schneider B R. 2000. "Business Associations and Economic Develop-
　　ment," *Working Papers*.

Iacobucci, D. 2012. "Mediation Analysis and Categorical Variables: the Final Fron-
　　tier," *Journal of Consumer Psychology*, 582 – 594.

Knorringa, P. 1999. "Agra: An Old Cluster Facing the New Competition," *World
　　Development*, 1587 – 1604.

Maurer, I., Bartsch V., Ebers, M. 2011. "The Value of Intra-Organizational Social
　　Capital: How It Fosters Knowledge Transfer, Innovation Performance, and
　　Growth," *Organization Studies*, 157 – 185.

Nahapiet, J., Ghoshal, S. 1997, "Social Capital, Intellectual Capital and the Creation of
　　Value in firms," *Academy of Management Annual Meeting Proceedings*, 35 – 39.

Nahapiet, J., Ghoshal, S. 1998, "Social Capital, Intellectual Capital, and the Or-
　　ganizational Advantage," *Knowledge & Social Capital*, 119 – 157.

Nadvi, K., Schmitz, H. 1994. "Industrial Clusters in less Developed Countries:

Review of Experiences and Research Agenda," *Geneva International Institute for Labour Studies.*

Schmitz, H. 1997. "Collective Efficiency and Increasing Returns," *Cambridge Journal of Economics*, 23 (4), 465 – 483.

Schmitz, H. 1999. " Global Competition and Local Cooperation: Success and Failure in the Sinos Valley, Brazil," *World Development*, 1627 – 1650.

Tsai, W. , Ghoshal, S. 1998. "Social Capital and Value Creation: The Role of Intrafirm Networks," *Academy of Management Journal*, 464 – 476.

Westlund, H. 2003. "Implications of Social Capital for Business in the Knowledge Economy: Theoretical Considerations," *Working Paper.*

Yli-Renko, H. , Autio, E. , Sapienza, H. J. 2001. " Social Capital, Knowledge Acquisition, and Knowledge Exploitation in Young Technology-based firms," *Strategic Management Journal*, 587 – 613.

书　评

BOOK REVIEW

中国第三部门研究　第 16 卷
第 173~181 页
© SSAP，2018

社会创业：未来社会变革的推动力量*

——评《21 世纪社会创业——席卷非营利、私人和公共部门的革新》

赵文聘**

摘　要：过去的三十年间，在美国乃至全世界，社会部门的轮廓已经发生了引人注目的变化。乔芷娅·列文森·凯欧翰的《21 世纪社会创业——席卷非营利、私人和公共部门的革新》一书主要关注非营利、私人和公共部门之间的合力协作，正在兴起的社会创业理念包含了某种关于创变的集体性或协同性视角。未来的社会变革需要手段高明的形塑市场和激励私人资本服务公共目标的公共政策工具，不仅需要把对私人部门的监管维持在恰当的水平，而且要更加深入地讨论什么组成了公共产品，何地何时这些公共产品能够被非营利、私人和公共部门最有效提供，还需要依赖于非营利、私人和公共部门之间的深度合作。

---

* 基金项目：国家社科基金项目"网络公益偏差行为控制机制创新研究"（18BSH097）、上海市哲学社会科学规划项目"网络公益信任风险问题研究"（2017BSH005）。

** 赵文聘，中共上海市委党校（上海行政学院）副教授，南开大学社会学博士，主要从事法社会学及社会政策方面的研究，E-mail：nkwea99@163.com。

关键词： 社会创业 非营利部门 影响力 社会协作

过去的三十年间，在美国乃至全世界，社会部门的轮廓已经发生了引人注目的变化。莱斯特·萨拉蒙（Lester Salamon）将非营利部门的兴起称为"结社革命"，非营利部门利用非营利或商业性的私人组织来提供原本由公共部门机构直接提供的服务。乔芷娅·列文森·凯欧翰的《21 世纪社会创业——席卷非营利、私人和公共部门的革新》一书，对社会创业的研究沿着这场运动的轨迹展开，从非营利领域开始成型和壮大，进而拓展至商业和公共领域。这本书的关注焦点并不是企业家，而是社会创业：社会企业家在非营利、私人和公共部门中施展才能所需依赖的体制和生态系统。正如 2006 年诺贝尔和平奖的获得者、《服务穷人的银行家》一书的作者穆罕默德·尤努斯评价的那样，《21 世纪社会创业——席卷非营利、私人和公共部门的革新》一书深刻地阐释了社会商业和社会创业的出现，指出未来社会变革是多种不同的推动力在一起发挥作用（乔芷娅，2016：3）。对那些想要理解非营利组织及其角色的人来说，这是一本非常重要的书。

一 社会创业的本质：非营利部门与商业的碰撞

何为"社会创业"，乔芷娅·列文森·凯欧翰界定了社会创业的两大核心要义：社会性和创业特质。首先，社会创业具有"社会性"，社会创业将社会收益或"使命相关性影响"放在最优先的位置，那些难以用市场方法去评估价值的事务，如社会进步、公共产品、公共危害、对那些无支付能力的人的救济，通常都具有社会性，是社会企业的收益目标。其次，"社会创业"还需要具有创业特质，即尝试让非营利组织、社会企业具有像商业企业一样的获取收入甚至利润的功能，以支持其社会性目的。但创业不等于创收，高创收不一定和创业有关，也不一定意味着高水平的社会影响。真正的社会"企业"或公司往往会兼顾获取财务回报和社会（或环境）效益。

　　乔芷娅·列文森·凯欧翰的《21 世纪社会创业——席卷非营利、私人和公共部门的革新》一书中回顾了社会创业经历的从非营利部门到非营利部门、商业部门、政府部门社会协作的过程。早期的社会创业，新的理念首先由理想主义和务实主义的社会企业家拿到非营利部门进行试验，然后被私人部门和公共部门的创新者所采纳。"为美国而教"组织（Teach for America）、"都城岁月"组织"幼儿抢跑"组织（Jumpstart for Young Children）"今天工作 – 自由职业者联盟"组织（Working Today – Freelancers Union）等非营利组织通过采取创新性和突破体制式的途径来解决一些老大难问题，经常运用商业的方法和思维来看待自己的工作。社会创业基金的引入则为社会创业打开了方便之门，社会创业进入快速发展阶段。20 世纪 90 年代，日益重要的风险资本（Venture Capital，VC）产业及其创造的巨额财富引致了一种新型的社会创业基金，这不能说只是偶然的。这种风险慈善事业尝试将 VC 模式引入非营利部门。"风险慈善"（venture philanthropy）、科学慈善主张，为社会问题找到更为系统性、战略性和持久性的解决方法，而非简简单单地将施舍扔给穷人了事。新慈善事业反映了新富群体的商业价值观和方法论。这一新富群体主要是由一群在金钱和技术方面获得了巨大成功，又热衷于将他们的商业头脑应用到慈善事业上的企业家所构成的。风险慈善这种新思维也已深深影响了很多大型的传统慈善组织，推动这些组织重新评估和改变他们的慈善捐赠方式，但这种思维导致基金会热衷于资助一些不仅强大而且具有可持续性的非营利组织。而第三个阶段是从社会企业家推动开放式创新开始的。2006 年，作为新"推动创新"（Advancing Innovation）的措施之一，洛克菲勒基金会和一家名为"创新中心"（InnoCentive）的企业结成了合作伙伴。"创新中心"运营一家全球性的科学网络社区，旨在"寻找能够解决复杂问题的创新性方法"。社会企业家在推动开放式创新的时候，将某种"设计思维"应用到解决贫困问题中。尽管社会创业中的很多设计思维的技术含量相对较低（例如，为了避免消毒后的再次使用而开发一种单次注射之后就自动损坏的注射剂），但是开放式创新技术通常能加速这一过程。从根本上说，社会创新是指一种努力，这种努力旨在改进政府解决顽固社会问题的方式，形塑市场来达成传统方式未能达成的公共目标（例如外部性和公共产品），确保公共或私人行为者在满足人类需求的时候生产出价值（Goldsmith，2010）。

乔芷娅·列文森·凯欧翰在《21 世纪社会创业——席卷非营利、私人和公共部门的革新》中尝试归纳现代社会创业的本质，她认为社会创业革命总是带着商业化倾向将一组被认为可以更好实现社会变革的新工具、新方法和新期望引入给了社会服务组织和慈善投资者，正在兴起的社会创业理念包含了某种关于创变的集体性或协同性视角，但是个人主义创业的精神和实践仍然牢牢地控制了美国人的思维，仍旧是美国通往繁荣的康庄大道。

二　价值共享型资本主义：新慈善形塑社会部门理念和工具

早期阶段的社会创业主要采用商业的手段和方法，而当慈善投资、慈善股权出现后，非营利部门与资本出现了更加紧密的链接。慈善捐助变成了"投资"，这些投资共同组成了一个投资组合，让商业公司的总经理可以借此平衡和分散风险。影响力投资成为这一过程中的重要工具，基金会因此得以利用战略合作伙伴来获得更大的影响力。一种行善的新办法：社会影响型资本主义主张，首先对穷人的谋生之道进行投资，然后将回收的资本用于再投资和规模化。这种办法参与度很高，已经采用"赠予圈"的形式——捐赠的数量可以相对较小，但成员们的参与必须相当积极。"所有向慈善事业捐赠的人，连同他们资助的非营利组织，一起组成了一张巨大的网络。我们可以称之为'社会资本市场'"（Meehan et al.，2004）。罗伯特·卡普兰（Robert Kaplan）、艾伦·格罗斯曼等人所阐述的"有效的社会资本市场"理论获得了更多的支持，该理论认为，

"源自私人部门的市场机制能够激活非营利的世界"（Kaplan & Grossman，2010）。

乔芷娅·列文森·凯欧翰在《21 世纪社会创业——席卷非营利、私人和公共部门的革新》一书中更进一步介绍了西方资本主义出现的一些理论转向。比尔·盖茨便曾呼吁一种新的创造型资本主义（creative capitalism），并称之为资本主义社会的"基于市场的社会变革"，可以通过解决社会和环境问题来"缓解世界的不公平"（Gates，2008）。而迈克尔·波特更进一步将资本主义社会在慈善方面的转向，称为价值共享型资本主义。混合型价值意味着，包括非营利、营利在内的一切组织和一切投资者均致力于生产某种"由经济、社会、环境等三个不可分割的部分所构成的价值"（Bugg-Levine & Emerson，2011）。价值共享型资本主义强调的是价值创造，认为这是旨在改变一家企业的核心业务，促进其扎根于企业和社会的共同经济利益。从某些方面来说，价值共享型、创造型、可持续型资本主义的视角比影响力投资的范式要更加彻底、更加激进，后者只是社会目标企业的一种资产类别。另外，价值共享型资本主义希望改变所有企业参与社会发展的方式。但这种理论主要的视角在企业，认为企业必须在"修复市场资本主义"中发挥主导型作用。

商业倾向的慈善范式留下了一项不可否认的遗产，那就是它对测量和评估的高度重视，也创造出新慈善形塑社会部门的四个方面的工具：高度重视测量和评估；运用诸如奖励、挑战等市场形塑工具；将技术试验作为追求社会公益的一种力量；强调将企业作为改造社会的一种途径。测量和评估是一个根本性难题，早期的影响力评估，第一代评估方法有两种类型：一是成本效果分析；二是成本效益分析。罗伯茨企业发展基金出版了第一份关于投资社会回报的分析报告，它用美元的形式量化了经济发展项目的社会价值。强调评估内部管理目标的价值。新收益公司使用的平衡计分卡试图兼顾回报分析中标准化和数字化，平衡计分卡从四个方面进行绩效评估：财务、客户、内部运营、学习与成长。爱德纳·麦康诺·克拉克基金会最终决定以循证的方式来确定拨款，即明确将拨款的等级和项目效能的证据等级相关联。追求可持续成长的组织必须通过科学的验证评估（随机控制试验）来证明自己的工作对参与者产生了积极的影响。而互联网已经根本性地改变了非营利部门中的测量和评估工作。在某些情况下，互联网让人们可以更加透明地获取非营利组织的原始数据。市场形塑工具中"众包"引人注目，很多早期的"众包"试验是由那些具有科技部门工作经历的社会企业家所发起的。对于社会创业来说，"众包"市场有两个显著的特征：集体智慧和广泛性。而奖励体现社会创业运动为成功付账原则，诸如"X奖"、远期市场承诺机制之类的工具则有助于为那些有益于社会的产品、服务和产业培育起市场，提供了大型慈善机构和政府通过影响或形塑市场来创造社会变革的另一种途径。私人部门里的社会创业表明社会部门的价值对盈利最大化的行动者及其行动产生了越来越大的影响力。这些工具发挥出了很大能量，也让影响力投资者们认为，仅仅依靠非营利部门和公共部门的资源和能力已不足以应对当前全球挑战的规模和复杂性；私人和商业资本有必要大规模地参与解决这些根深蒂固的问题，使得商业部门积极设法将资本投入到那些能够以纯慈善性干预通常难以到达的规模来提供解决方案的生意和基金中。

三 形塑市场和激励私人资本服务公共目标的公共政策

2008 年的金融危机和随之带来的经济衰退引起了人们对下述两个问题的深刻反思：社会福利和共享型繁荣是否存在，政府和市场如何帮助实现社会福利和共享型繁荣。一般认为，在某些情况下，社会变迁过程不适合市场模式。在市民社会中，事情必须按照社会转变所需的步伐进行，而社会转变通常非常缓慢，因为它过于复杂且遍布冲突。而且商业化、私有化，还有当私人行为者介入公共目标行为时基于其追求利益最大化的本能，市场是手段，不是目的，健康而具有创业精神的市场对于运作良好的经济和社会也是必不可缺的。政府必须扮演的规制性角色，使其适应社会变革、服务公共目标。在金融危机之后，很多社会创新的支持者均面临严峻的预算约束，政府也面临财政压力，因而社会创新热衷于引入私人资本。但私人和商业资本投入社会问题解决，存在的一个悖论性问题与回报的性质有关。影响力投资者力图将他们的资本引导到市场失灵的领域，如果这样做只能获得某种安慰性的回报。从本质上讲，吸引商业投资去应对社会或环境挑战，需要某种慈善性的补贴或政府设计的激励。在促进社会变革的过程中，政府应该成为私人行动者的一个伙伴，发挥积极的作用。政府能够且必须扮演的角色不仅是一个规制者，而且是一个社会创业的积极促进者和催化者。

乔芷娅·列文森·凯欧翰在《21世纪社会创业——席卷非营利、私人和公共部门的革新》一书中明确，需要更正面地看待政府的积极和催化作用。政府在以下几个方面可以扮演一个关键性角色：强化社会创业事业的规模和影响力；推动社会创新和社会创业；形塑市场来提供公共产品。激励私人投资服务于公共目标和广泛促进创新及社会创业的公共政策可以采取很多形式，包括"大棒"（要求投资的法律和规制）、"胡萝卜"（诸如补贴、配比捐赠、奖励、减免税等激励机制，它们可以改变投资者的风险和回报结构）、基础设施建设（为投资者参与设定必要的产业标准）和召集权力。政府可以通过改变潜在的风险和回报结构来引导私人资本进入公共投资领域。影响力投资是对经济、社会和环境绩效的集成化追求，并运用私人资本来最大化这个全面、综合的价值。"为成功付账"的社会影响力债券、人力资本绩效债券等工具开始受到欢迎。这些工具属于社会创新议程的一部分，代表一种新的治理方式——公共政策应该在激励社会部门创新上发挥重要作用，也成为社会融资的一项伟大创举和跨部门合作的一种重要形式。政府创造和控制着融资工具，通过发行债券和创造一个绩效资金池来回报成功的干预行为，规制私人资本服务于公共目标。除了用于变更投资风险和回报的法律和政策工具之外，经常与慈善部门一起合作，也能够帮助建立那些吸引私人投资所必需的市场基础设施。就像我们在小额贷款的案例中见到的一样,不少政府和多国组织经常与非营利组织一起工作,致力于建立和完善小额贷款的评级体系和尽职调查信息流,从而在商业投资者有信心进入该市场之前形成小额贷款产业。如果政府赋权于个人和社区,那么大部分促进社会创业的政府工作便会获得成功。换言之,像美国志愿队、"邻里承诺"项目、创新投资基金和社会创新基金等联邦政府项目为地方机构和企业家的茁壮成长提供了资金、指导和网络等基础条件。

总的来说,金融危机及其带来的经济、政治和理念震荡还揭示了两个悖论性问题:一旦政府资金变得紧张,我们对私人和商业化主体参与提供公共产品和服务的需求就会更加强烈;一旦开始担忧公共利益,我们对私人和商业化主体的信念就动摇了。这种悖论需要手段高明的形塑市场和激励私人资本服务公共目标的公共政策工具,不仅需要把对私人部门的监管维持在恰当的水平,而且要更加深入地讨论什么组成了公共产品,何地何时这些公共产品能够被非营利、私人和公共部门最有效提供。乔芷娅·列文森·凯欧翰在《21 世纪社会创业——席卷非营利、私人和公共部门的革新》一书中提供了一个新的解决社会问题的视角,该视角超越了僵硬的政府与市场二分法。本书的翻译者华南理工大学叶托副教授在后记中也指出了该书中的核心论点:未来的社会变革依赖于非营利、私人和公共部门之间的深度合作,是非常吸引人的。社会创业可以为 21 世纪创造一个更加共享的繁荣,但是其前提是政府和企业之间能够开展紧密合作。

【参考文献】

乔芷娅·列文森·凯欧翰,2016,《21 世纪社会创业——席卷非营利、私人和公共部门的革新》,叶托译,华南理工大学出版社。

Bugg-Levine, A. and Emerson, J. 2011. *Impact Investing* . San Francisco: John Wiley.

Gates, B. 2008. "A New Approach to Capitalism," Remarks Delivered to the World Economic Forum. Davos, *Switzerland. Reprinted in Creative Capitalism: A Conversation with Bill Gates, Warren Buffett and Other Economic Leaders*, Michael Kinsley, ed. New York: Simon and Schuster.

Goldsmith, S. 2010. "The Power of Social Innovation". an Francisco: Jossey-Bass.

Kaplan, R. S., Grossman, A. S. 2010. "The Emerging Capital Market for Nonprofit," *Harvard Business Review*.

Meehan, W. F., Derek Kilmer and Maisie O'Flanagan, 2004. "Investing in Society: Why We Need a More Efficient Social Capital Market and How We Can Get There," *Stanford Social Innovation Review*.

访谈录

INTERVIEWS

中国第三部门研究　第 16 卷
第 185~190 页
© SSAP，2018

走进农村，探寻公益性社会组织发展之路

——访宁波市象山县抗癌康复协会会长陈绍雷

段思含　郝　斌

访谈时间： 2018 年 4 月 14 日　上午 9：00 – 10：30

访谈地点： 宁波市象山县丹东街道东塘山路 85 – 1 号

访谈人： 段思含（上海交通大学国际与公共事务学院硕士研究生）

　　　　　郝斌（上海交通大学国际与公共事务学院博士研究生）

被访者： 陈绍雷（宁波市象山县抗癌康复协会会长）

【宁波市象山县抗癌康复协会简介】

　　象山县抗癌康复协会由邓绪田创立于 2005 年，最初会员只有 38 人，他们相互鼓励、相互依靠，让这群本在绝望中的人，重燃生命的火光。2012 年，协会第一任会长邓绪田去世。现任会长陈绍雷担起重任，2013 年完成了建立分会的任务。2018 年象山县抗癌协会在全体成员的共同努力下，成为全国唯一实现全面覆盖的县级协会，协会人数增加至 2120 人。随着协会的扩大，会员的医疗救助需求也随之增加。为了给会员提供更多科学抗癌的指导，协会每年举办 24 场义诊，邀请的专家团队将近 30 人。成立 13 年来，

象山县抗癌康复协会共发放慰问金 200 余万元，慰问人数达 1500 多人，会员的康复生存率从最初的 84.4% 提高到 96.1%，超过社会平均康复率一倍以上。2017 年，象山县抗癌康复协会荣获"全国抗癌优秀组织"称号，这是全国唯一获此殊荣的县级抗癌组织，中国抗癌协会副会长喻华芝誉之为"群体抗癌的奇迹"。

【人物简介】

陈绍雷，宁波市象山县丹东街道门前涂村党支部书记、金秋社区业委会主任、象山县抗癌康复协会会长。通过他的努力，实现全县 18 个乡镇/街道抗癌康复分会全覆盖，象山县抗癌康复协会被评为 5A 级社会组织。自担任象山县抗癌康复协会会长以来，身为会长的他亲力亲为，筹集善款，每年向贫困癌友捐助达 2 万余元。陈绍雷这些年的辛勤付出和工作得到社会的一致好评。他于 2013 年被评为"最美象山人"，2014 年被评为"宁波好人"，2015 年 2 月被评为"浙江好人"、3 月被中央文明办授予"中国好人"。

段思含： 陈先生，您好。非常荣幸能代表上海交通大学中国公益发展研究院、上海交通大学第三部门研究中心主办的《中国第三部门研究》集刊对您进行访问。宁波市象山县抗癌康复协会成立 13 年来，从立足城市到扎根农村，规模不断扩大，在抗癌康复等方面做出卓越贡献，被誉为"群体抗癌的奇迹"。您的分享一定会对您抗癌康复工作的社会组织从业者有所启示和帮助。陈先生，麻烦您先大致介绍一下宁波市象山县抗癌康复协会（以下简称"抗癌康复协会"）的成立起源和基本情况。

陈绍雷： 我们宁波市象山县抗癌康复协会 2003 年开始筹划成立，2005 年 10 月 26 日正式成立。成立的原因是宁波市早已经有了抗癌康复协会，他们来象山调研之后我们才发现象山竟然有那么多癌症患者，并且宁波市抗癌康复协会的成立已经取得了比较好的效果，我们就开始着手筹备象山县抗癌康复协会。当时是 1 位老会长和 38 位会员自发组织起来成立的。这 38 位会员里，有 36 位是癌症患者，2 位是爱心人士。当时没有资金，是老会长和几位理事自掏腰包凑齐了 3 万元的注册资金；没有房子，就在老会长自己家里的房间办公。可以说，这是个真正的草根组织，成立的出发点就是为癌症患者服务。我们一直在思考怎样帮助社会上的癌症患者，提高他们的康复率。我们是总会，2006 年在石浦镇成立了石浦分会，在这之后，癌症患者们知道了抗癌康复协会的存在，有很多患者加入我们，农村患者比较多，考虑到协会活动开展和管理的地域差异，象山县其他乡镇也逐步建立起分会，2013 年最终实现 18 个乡镇全覆盖。会员现在已经达到了 2000 多名，加入我们协会的癌症患者存活率也达到 81%，远远超过社会上癌症患者 46% 的存活率。

郝斌：在这个协会成立的过程中遇到过什么困难吗？

陈绍雷：首先是之前说的没资金、没地方、没人才。最大的一个困难是没有获得老百姓的支持，大家听说癌症都觉得挺可怕的，所以最初的会员是我们去邀请他们加入的。老会长就是我们邀请的，他是退休老干部，有一定社会影响力，我们就邀请他来帮助我们一起成立了象山县抗癌康复协会。

郝斌：您刚才说到在各个乡镇建立分会，那管理模式是什么样的呢？

陈绍雷：我们的管理模式是"一级法人、二级管理、三级网络"。象山县抗癌康复协会是法人代表，我们协会是理事会领导下的会长负责制，理事会是最高权力机构，有理事 29 人，其中包括 18 个分会的分会长；各个乡镇的分会都有自己的分会长、副会长，分会每个月都有自己的活动日；三级网络是根据各个村的患者分布情况，以村或社区为单位建立康复小组。通常是 5 个或 10 个人一组，他们可以就地就近灵活地开展小型活动，分享交流各自的抗癌经历。我们协会有会员登记管理制度，会费统一，每人每年象征性地收 10 元。同时规定有的分会不来参加活动超过 3 次就自动退会。

段思含：请问在协会运作的过程中，资金主要来自哪些方面呢？筹集资金过程中遇到过什么困难？

陈绍雷：资金一方面是慈善总会每年给我们 5 万元，其中 3 万元是活动津贴，2 万元是义工费用，另一方面有一些企业、爱心人士捐赠。2013 年的时候政府看到我们协会做得比较好，分会活动的资金就由当地乡镇政府资助，有的每年资助 3 万元，好的就 5 万元。2014 年，我们邀请人大代表提案，2015 年开始，县委、县政府每年给我们活动经费10 万元。这几年社会上的爱心人士也增加了。在上海工作的一位医生，他也是象山人，一次性给我们捐赠了 10 万元，现在他每年给 3000 元。他还帮我们到一些在上海的象山人开的公司去募捐，一年能募捐到 5 万元左右。这样我们的活动经费基本就能得到保障。

郝斌：这样算下来咱们协会一年的活动经费大概是多少？

陈绍雷：我们一年大概能私人募捐到 50 万元左右，开支也基本在50 多万元，基本持平。我们这样的协会，别的要求没有，就希望政府能够给我们一些经费保障。我们去社会上找献爱心的单位，给你 1 万元、5000 元，也是很困难的。我们叫"抗癌康复协会"，一听这个名字企业就不让你进去，怕死了，谈癌色变。

段思含：听说之前政府也有一些对癌症患者的照顾，和政府相比，咱们协会有什么不同呢？

陈绍雷：政府主要提供的是资金的帮助。对癌症患者，我们是精神的照顾。尤其是在农村，我们 70% 的会员来自农村。对农村的癌症患者来说，一方面医药费比较高，另一方面得了癌症别人是看不起他的，心里很难受。我们经常去看这些患者，在精神上给他们支撑，鼓励他们调整心态。协会就是一个大家庭，在我们协会，自救互助很重要。在我们县的一个村里，有一对 70 多岁的老夫妻，两个人都是癌症患者，住在牛棚屋里，风吹雨打的。去看望他们回来之后，我就发动全体理事捐款，一共捐了 18000 元，有的人把自己吃药的钱都拿出来了，后来我又去慈善总会争取了2000元，一共2万元，拿给他们的村主任，帮这对老夫妻修缮了房子。现在这对夫妻也开了小店，卖卖百货，有了生活的希望。

段思含：除了这样的上门看望，咱们协会现在都开展些什么活动呢？

陈绍雷：我们的会员都是癌症患者，所以最重要的是怎样抗癌？首先是邀请专家医生进行科普讲座；其次是每年组织一次大型的义诊，基本都有1000多人参加；接着是对新加入的会员进行培训，包括协会章程的培训，还会请"抗癌明星"，就是已经康复的人来给大家讲讲自己的经验；最后是对理事和义工的业务培训。我们会邀请慈善总会义工大队的队长来讲课，讲怎样做义工、如何提升我们义工的服务技能。

段思含：分会的活动是自己设计吗？

陈绍雷：我们规定，每个分会每个月要有一个活动日，18个分会都有活动。活动是他们自己来设计，有的是请医生讲课，有的是举行体育活动，还有的是举行生日宴会、吃长寿面。

郝斌：总会和分会之间的关系是什么样的呢？

陈绍雷：咱们总会与分会是没有经费来往的。分会以前有独立银行账户，现在都取消了。我们底下的分会因为没有法人资格，所以就请了专业会计，18个分会的账都是他管。比如1000元以下的开销分会长可以直接处理，1000元以上的就需要报到总会批准。

郝斌：分会会长是选举产生吗？

陈绍雷：以前分会会长是选举的。我们先到乡里卫生院去了解乡镇有多少患者，这些患者的文化程度如何等，然后去和镇政府领导沟通，再到会员大会通过，这样产生分会长。后来上面要求分支机构不能有独立的银行账户，全部收到总会管理，我们就通过分会理事班子、当地政府、总会三方讨论决定分会会长，5年一届。总会和分会之间互相学习，推广经验，总会提供业务指导。

段思含：总会的经费主要是用在什么地方呢？

陈绍雷：每年向每个会员慰问金发放，通常是 600~800 元，这是我们总会最大的一笔费用。另外，我们总会每年都有自己的工作计划，1 月、2 月主要是走访慰问，3 月是义工培训，还有下半年的上海 8 大医院的医生献爱心活动、科普讲座、趣味运动会等。我们的经费主要就是用在这些活动开支上。

郝斌：咱们协会能力建设的需要是什么呢？

陈绍雷：首先是希望能够有一些社会工作者加入我们，提高我们在癌症患者精神照顾方面的专业性，我们是很缺乏专业人才的；然后希望能组织开展技术培训，比如电脑培训；最后我们也想要谋求社会组织的地位，提高社会影响力。

段思含：咱们协会和您个人都在抗癌康复方面做了较大的努力，非常感谢您接受我们的访谈。

中国第三部门研究　第 16 卷
第 191～198 页
© SSAP, 2018

大数据与公共管理研究变革：趋势、方法和分析

——访美国 UMass Amherst 社会与行为科学院助理教授许未艾

程坤鹏

访谈时间： 2018 年 9 月 10 日　下午 3：00 – 5：30

访谈地点： 美国费城宾夕法尼亚大学 LUDLOW 街 Green Line Cafe

访谈人： 程坤鹏（上海交通大学国际与公共事务学院博士生，宾夕法尼亚大学访问学者）

被访者： 许未艾（美国马萨诸塞州大学 Amherst 校区社会与行为科学院助理教授）

【人物简介】

许未艾，纽约州立大学布法罗分校传播学博士，目前担任马萨诸塞州大学 Amherst 校区社会与行为科学院助理教授。他的研究兴趣聚焦于数字技术、网络市民社会等，具体研究方向主要包括公共机构对于社交媒体的应用、网络市民社会里的信息扩散，集体行为和意见分化等。在 *Nonprofit and Voluntary Sector Quarterly*、*Social Networks*、*Computers in Human Behavior* 等刊物发表多篇学术论文。

程坤鹏：许教授，您好！我代表上海交通大学中国公益发展研究院院长徐家良主编的《中国第三部门研究》对您进行专访。我关注到您在大数据与网络社交研究方面有很多的成果，希望可以借此机会讨论一下大数据与公共管理研究变革这个主题。首先，UMass Amherst 的人工智能专业全美排名前十，计算机专业全美排名前二十。那么，您如何看待社科研究中的大数据热？

许未艾：好的，感谢访谈！UMass Amherst 社会与行为科学院有多个系，如传播系、公共政策系、语言系、新闻系、政治科学系、资源经济系等。虽然美国的社交网站，如 Facebook 的人群覆盖率很高，但因为美国已经有比较多样的传统媒体，互联网对于美国社会的影响相对要局限些。国内大数据应用有很大的潜力，因为数据来源多元，用户面广。而微信、QQ、微博等各类社交平台的广泛普及，对中国固有的私人社交方式、公民参与和政民互动都产生了巨大冲击。考虑到中国互联网的基数，这些平台采集到的海量数据基本可以作为研究某一类问题的大样本，甚至是全样本。最近几年，我比较关注的是非营利管理和传播学界。

程坤鹏：相比美国，国内社科研究在量化研究或者大数据应用等方面尚存在一定的空间，国内社科领域的本硕博学习中对于基础数学、统计分析、计算机编程等方面的锻炼还需要加强。那么，您如何看待量化研究和质性研究？

许未艾：量化研究或大数据分析在技术上的追赶是比较容易的。中国的企业界对于大数据技术的应用已经很成熟，相信学界可以得到很强的技术支持。但是，人文社科教育中，据我了解，还缺乏大数据素养和技能的培训。这些技能在美国的社科界也是最近几年才开始被重视起来的，很多时候，我们也需要依赖来自计算机学科提供的技术帮助。关于两种方法的比较，首先，量化研究和质性研究各有所长，但我的个人观点是研究者应保持谦逊和对于事实真相的敬畏，避免使学术政治化和意识形态化。在方法应用上需要保持一定的平衡。国内的质性研究多以访谈、案例、民族志等方式开展，这些都是很好的归纳研究法，能为定量研究提供较为丰富的素材。美国的质性研究分很多类，学科之间差异很大，也颇有争议。早期的社会科学研究是定量为主，但质性研究也在兴起，特别是左翼意识形态假设下开展的批判性研究。这类研究涉及"社会公义"的探讨和对体制的批判。这里所指的体制可以是左翼视角下，美国当下白人和男性主导的政治体制，也可以是全球化国际大资本所把持的经济体制，还可能是资产阶级经济精英所塑造的文化霸权。通过对社会各层面现象的深度批判解读，揭示内部的权力斗争规律。这类研究能帮助我们发现很多社会现象中的隐形不平等，但是可以看到这类研究所遵循的方法论和价值判断跟传统社会科学研究有很大的不同。有时候这类的不同未必就是能调和的。我们一般的社科研究更多侧重于价值中立，建立假设，收集数据，展开论证，发现规律等。在这个过程中，我们可以收集质性的数据，如访谈，也可以分析量化的数据，如问卷。但无论量化研究还是质性研究，我们都遵循两种基本的研究思路：归纳或者演绎。

程坤鹏：国内批判研究，如公共政策研究，更多的是针对地方政府的能力，很难触及体制这个层面。西方批判理论很难嫁接到中国问题研究，两者有很大的差异。

许未艾：要看我们所说的"体制"是什么。中美学者可以共同批判和反思商业利益集团对于社会生活的垄断和干预。在数字社会中，我们也可以批判既得利益集团的科技公司对社会行为的控制。值得一提的是，现在也有了大数据批判学派，其观点是大数据社会里数字化和数据化对于社会现有不平等架构的固化，比如通过过往数据来预测未来犯罪的 Predictive Policing 可能会造成更加严重的种族不平等。美国的社会科学发展早期是以定量研究为主，因为很多学科归根结底是实用科学，需要产出能影响政府行政决策的作品。但后期有很多思潮的兴起，使得量化研究的主流地位受到挑战。我个人观察到的一个趋势是，很多学术研究已经超越了发现规律、生成知识的功能，而更多地是为弱势群体呐喊和对权威的批判。其社会意义得到很多的肯定，但近年来，这类有社会运动倾向，其意在颠覆传统权威的学术研究也开始受到很多质疑。西方的批判理论当然不能全盘与中国的语境对接。相比于美国批判学派的主义之争路线，我认为国内的学术可以以"问题"出发，国内学者可以通过量化研究更有效帮助社会治理和政府行为的改善，并提供具体的意见。这类研究相对更有话语空间，也许比批判更有建设性。

程坤鹏：互联网技术的普及和网络传播对个体和组织行为的影响是十分重大的，您的研究侧重个体还是组织行为？

许未艾：最初关注个体较多，逐步切换到组织行为的研究。从某种程度上说，网络社会里的个体越来越组织化，而组织也具备了某些个体特点。互联网赋能于个体，使其成为自媒体；而组织需要和个体竞争，改变传统的传播方式。在研究层面，个体行为和组织行为并没有巨大的差异，如公益组织、政府应急部门等，在突发事件中，最迅速或最有影响力的很难说是个体还是组织。

程坤鹏：一般意义上，研究单元包括个体、组织、群体或社区、地区或国家，研究中，您觉得互联网对研究单元是否造成影响？

许未艾：我所做的数据科学是基于对互联网上行为的跟踪和量化（这也是大数据研究的特点）。如果是单纯的个体研究，我们当然可以观察个体用户的行为，但是我们很难获取到该用户除了互联网行为外的其他特质。比如我们希望知道用户的性别、居所、政见、性格等信息，这些数据过往我们可以通过问卷来采集。但是互联网数据里的用户样本是很大的，一一采集数据成本很大。当然有组织可以用一些方法预测判定用户特质，但这类方法都需要事前得到用户的许可，以保障用户的隐私权。考虑到数据采集的成本，我个人更倾向于关注互联网上的组织，因为组织的数据采集较为便捷，比如美国公益组织的数据是公开的，如组织历史、组织架构、人事信息、财务数据等。我们可以将这类信息与组织的互联网行为数据进行对接，开展理论探索和研究。

程坤鹏：相比较而言，组织数据更容易获取？

许未艾：是的。而且个体数据在行为建模中要控制的变量更加复杂，因为人类行为有很多随机性。相比之下，组织行为的确定性会大些。

程坤鹏：您对国外公共管理研究的主要热点、主题或研究方法的变化有什么样的判断？

许未艾：数字科技，特别是互联网媒体应该是比较长期的研究热点。互联网科技改变了市民社会中的权力分配。比如社会精英，主流媒体和政府机构所垄断的议程设定权和信息把关权一部分被分配到了普通民众身上。我一直研究互联网上的民意表达。最近关注的是对抗性公众（Counter-Public）对社会治理的意见。对抗性公众是公共领域中的边缘化小众人群。他们因为被弱势身份或是不被主流价值接纳的意见而不能在公共领域里发声。互联网媒体让对抗性公众有了聚集和表达的可能。这方面的研究可以为当下的社会提供一个互相了解和对话的可能。我另外观察到的一个热点是互联网如何影响非营利组织的运作。比如资源较贫乏的非营利组织如何利用低成本的互联网进行信息扩散和建立公共关系等。在研究方法层面，我相信大数据的应用已经超越了单纯追逐数据量的时代。相信未来的研究会更加重视不同来源数据的结合分析（如互联网行为数据同问卷调查数据甚至访谈数据的结合）。

程坤鹏：您关注大数据在公共管理中的具体运用吗？您主要使用哪些研究方法或数据分析方法？

许未艾：我比较关注网络分析技术（Network Analysis）。通过这个技术可以对互联网上的个体和组织关系进行量化、建模和可视化。这个技术也可以用于分析海量文本。举个例子说，组织和组织之间可能通过社交媒体相互协作。这样的关系就形成了可被量化的社会网络。社会科学里常用的社会网络分析法（Social Network Analysis）可以分析一个网络的大小、密度、里面的聚合和分化，以及社会网络里单个组织或个人所扮演的角色。我对组织和个人的桥梁角色（Bridge）很有兴趣。这个角色可以量化，它在资源分配、冲突化解、社会资本建立等方面扮演着很重要的角色。我也会用这种方法分析文本中不同概念之间的语义连接。这样可以更好看到不同议题之间的联系。大数据技术日新月异，不断有新方法出现。作为研究者，我们也要经常学习新的方法，比如机器学习等技术，目前已经在一些社科研究中得到了应用。当然方法技术的多样也造成了方法应用上的混乱，需要我们思考一些基本的方法论问题。比如"社会科学理论"的作用。大数据研究很多是从数据出发（Data-Driven），从海量数据中归纳行为特征。而传统的量化社科研究走的是理论演绎的过程（Theory-Driven）。我认为研究者应该加强两种思路的结合。

程坤鹏：组织间关系如何量化？

许未艾：以往要构建网络数据需要通过问卷调查，比如研究合作关系的话，研究者要一一询问样本中的每个组织。现在这类信息已经被数字化而且无时无刻不被收集。比如电邮里的发送回复关系、微信群里的聊天、微博账户之间的关注和点赞，这些都可以用于呈现基于互联网的社会网络关系。

程坤鹏：数据采集和分析方法有哪些？

许未艾：数据采集层面，很多研究会使用互联网平台提供的 API，即应用程序编程接口，通过 API，研究者可以用数据采集软件或者自己编写代码从互联网服务提供商（如推特和脸书）的数据库里采集结构化的数据。目前有很多成熟的数据采集软件（如针对社交媒体的 NodeXL 和 Netlytic）。研究者也可以从第三方数据公司购买社交媒体数据。如可以从 DiscoverText 购买推特数据。也有学者使用网络爬虫抓取数据。网络爬虫采集数据有时候违反很多网站的条款。API 是合法的开放数据渠道，但数据量、频率的采集是受到限制的。大数据时代的数据采集都涉及用户隐私问题，目前的采集门槛越来越高。而数据也越来越多被垄断在互联网平台上。比如我最新获得的消息是，DiscoverText，一个提供推特数据的公司，因为和推特公司的谈判没有成果，从本月底将大幅提高推特数据的售价。之前，研究者可以通过推特 API 获取大量免费数据。但是再过几个月，任何在推特上抓取数据的用户都必须申请开发者账号。在申请中，研究者要陈述数据采集的目的，和如何保护用户隐私。

程坤鹏：那分析方法呢？

许未艾：在数据分析层面，我多采用社会网络分析法。我的很多研究都关注了推特用户之间在讨论某个共同议题时的对话回复关系。通过社会网络分析法，可以找到最有影响力的用户，并分析基于某个议题的网络社群里因不同意见和身份而产生的分化。另外常采用的是文本分析，比如目前很流行的话题模型（Topic Modeling）和情绪识别（Sentiment Analysis）。随着人工智能的发展，相信越来越多的研究会用计算机算法对文本进行话题分类，或对特定语言特征（如危害性、煽动语言）进行自动识别。

程坤鹏：您关注中国研究或中外比较研究吗？您认为这方面的研究未来可以从哪些方面进行突破？

许未艾：我关注网络审查、地方自治组织、网络市民社会、政民互动等。中国的情景更加活跃，很多现有的理论无法有效解释。相比美国，互联网技术的应用和普及对中国的影响更大，但是当前还没有足够的产生于中国语境的理论解释。理论应该具有普适性，但是某些特质可以是不同的。西方学术界有一些偏见，要么过于淡化情景，要么过于热衷情景设定。中国研究具有很大的潜力，未来学者的中国研究或许可以超越中国特殊论，尝试测试或修正西方理论，另外，中国研究也是一种转型国家的样本，或许可以有更多新的理论发现。

程坤鹏：您是否了解中国本土公共管理研究？您对此有何评价？

许未艾：中国是一个迅速变化的国家，国内同行的研究有很多新的观察视角，社会经验非常丰富，和政府、企业的互动较多，偏好于经验归纳，更加接地气。国外学术界与外界的交往较少，习惯于理论演绎的研究逻辑。中国学术界对教条式的研究比较警惕，更多强调实际应用。但是在方法训练方面，还没有充分接轨。国内学界热衷建构新的解释概

念，但是缺乏规范、严谨的论证。美国的学术训练一般遵循理论演绎 –
假设 – 收集、分析数据 – 结论的逻辑。美国也有一种新的思潮，即要研
究大数据，也要研究好的小数据，抓取具有代表性和典型性的样本。数
据的形式可以是数字、访谈、文本、录音等。此外，大数据是一种危险
的思潮，具有很强的诱惑性，会让人忽略传统理论的价值，并忽视数据
采集中的片面和偏见。所以我们应该多尝试跨方法、跨视角的合作。

域外见闻

INTRODUCTION OF RESEARCH

INSTITUTION OVERSEAS

中国第三部门研究　第16卷
第 201～219 页
© SSAP，2018

印度民间组织发展探究

张文娟*

　　摘　要：印度现代民间组织的发展起始于英殖民统治时期，从天主教福利和印度教改革类型逐步拓展到包括宗教慈善、世俗结社、甘地类社会组织及政治类组织等多元化存在形式。印度关于民间组织的法律类型也主要构建于英殖民时期。独立后，印度民间组织法律类型在延续英殖民时期制度的同时，新的法律类型如《公司法》中的非营利公司也很快出现。伴随经济、政治、社会的发展，概念上的类型发展也更加多元。独立后的印度，在民间组织的规制上也逐步理出了一个以组织注册、税收优惠及接受国外捐赠为基础的操作性框架。

　　关键词：印度　民间组织　历史发展　规制框架

　　印度的民间组织发展，与其政治、宗教、文化、族群的多元化密切相关，民间组织存在形式方面远比其他国家复杂多元，很难找到一个统

---

　　* 张文娟，上海交通大学国际与公共事务学院公共管理专业博士生，主要从事中印治理比较、民间组织发展、儿童权利方面的研究，E-mail：wzhang@ jgu. edu. in。

称。为了国际学术和政策交流方便，国际上发展出了一些概念来指代市场和政府之外的第三部门，如非营利组织（NPO）、非政府组织（NGO）、市民社会组织（civil society organizations）或市民社会（civil society）等。当我们在特定国情背景下使用这些概念时，总会遇到很多对接挑战。即便在一国背景下，概念上的分类和法律上的分类，通常也会有很大出入。在印度学术研究中，有借用国际上的非营利组织（NPO）或非政府组织（NGO）概念的，也有用志愿组织（volunteer organization）一词的。但笔者在文献检索中发现，用"市民社会"（civil society）一词检索，得到的文献要比用其他几个词得到的文献多一些。本文标题中之所以用"民间组织"一词，也是在中印语义背景下寻找最接近概念的一种尝试。

印度在公益诉讼、慈善或宗教信托、私人信托、企业社会责任等制度构建方面很有特色，很多走在中国的前面，值得国内学者进行具体深度研究。在本文中，笔者主要介绍印度民间组织的历史发展和基本规制框架，以期为国内学者的印度民间组织深度研究提供一些基础参考。

一　印度民间组织的历史发展

如果我们对印度民间组织的发展脉络作以简单划分的话，大致可以分为独立前和独立后两个阶段。新中国成立后，与旧制度进行了较为彻底的割裂；而印度在这方面很不同，独立后的印度对英殖民时期的立法进行了大范围继承，这在民间组织的规制方面表现得也很突出。印度的独立运动不是通过暴力革命或战争完成的，而是实现了较为和平的权力转移，从而为制度延续准备了比较好的心态。鉴于印度民间组织规制的延续性，在研究中，英殖民时期的民间组织发展是不可回避的部分。

1. 英殖民时期印度民间组织的发展

印度现代市民社会发展大约开始于 19 世纪初，其当时的发展脉络大约分为两条主线：一条是由天主教带领的福利性组织或活动的开展，如在农村和贫困地区开展医疗、扶贫、修路、教育等慈善服务（Bala，2014：350），另一条是信仰印度教的精英推动的社会改革主线，从1820 年开始，以 Raja Ram Mohan Roy 为首的印度教精英在医疗、扶贫、教育之外，开始关注社会改革（Sen，1993：4）。此后，一系列团体开始成立，如 1828 年成立的 Brahmo Samaj①（主要反对童婚、寡妇殉葬等）（Sheth & Sethi，1991：51）、1850 年成立的寡妇婚姻协会（Widow Marriage Assocaition）（Bala，2014：351）等。为了规范社团的成立，英殖民政府在 1850 年制定了《文学、科学、慈善社团注册法案》，后被 1860 年《社团注册法案》所取代，虽经多次修改，但至今有效。1850 年后，慈善、宗教团体进入快速发展阶段，如 Friend-in-need Society（1858）、Prathana Samaj（1864）、Satya Shodhan Samaj（1873）、Arya Samaj（1875）、Indian National Conference（1887）等陆续成立（Samaj，2009：6）。但此阶段成立的最具有影响力的社团要数 1885 年成立的印度国大党（India National Congress），其刚开始定位类似于对政治感兴趣的精英俱乐部，后发展成为领导印度独立运动的主要政党。除了印度教精英外，在印度的穆斯林精英也于 1886 年成了穆罕默德教育大会（Muhammadan Education Conference），并以此为基础于 1906 年成了穆斯林联盟（Muslim League），后成为印巴分治前代表印度穆斯林利益的主要政党（Sen，1993：5）。

　　19 世纪后期，印度本土的世俗性民间组织开始发展，其典型标志是 1905 年印度服务者（Servants of India）的成立（Samaj，2009：1）。世俗性民间组织的发展又主要分为三类。第一类是甘地式志愿组织的发展。1916 年甘地返回到印度后，一批甘地式志愿组织发展起来，践行甘地关于发展农村自治及自给性经济是解决印度贫困问题的重心的理念（Samaj，2009：2）。甘地类社会组织将印度的社会改革和独立运动从精英主导转移到群众运动。第二类是企业界的努力，如塔塔集团的

---

　　①　Samaj 是印度教协会（Hindu Religious Association）的统称。

创始人 Jamsetji Tata 于 1892 年设立了 J. N. Tata Endowment Fund，通过奖学金形式资助优秀的印度年轻人去国外学习（Hirji，1984：58），Jamsetji Tata 去世后，他的儿子和其他继承人于 1932 年建立了 Dorabji Tata Trust，1944 年建立了 JRD Trust，关注印度的发展和文化传承等问题。①与此同时，印度企业家们也开始成立协会，对英殖民者提出更多诉求，如 1927 年成立的印度工商联合会（Federation of Indian Chambers of Commerce and Industry，FICCI)②，不过直到 1960 年，该联合会才只代表印度工商企业的利益，此前，其也代表英国和其他外国企业的利益（Sen，1993：6）。第三类是工会。印度的工会也在这个时期开始活跃，在印度国大党的支持下，全印工会大会（All Indian Trade Unions Congress，AITUC）于 1920 年成立，目前是印度第二大工会联合会（Berglund，2009：22）。③

今天印度规制民间组织的绝大多数法律都是在英殖民时期制定的，除了前面提到的 1860 年制定的《社团注册法》（*Societies Registration Act*），还有 1863 年的《宗教捐助法案》（*Religious Endowment Act*）、1882 年的《信托法》（*Trusts Act*）、1890 年的《慈善捐助法案》（*Charitable Endowment Act*）、1904 年的《合作社法》（*Cooperatives Societies Act*）、1908 年的《登记注册法》（*Registration Act*）、1920 年的《慈善与宗教信托法案》（*Charitable And Religious Trusts Act* 1920）和 1926 年的《工会法》（*Trade Union Act*）等。

2. 独立后的印度民间组织发展

独立后印度的民间组织发展大致可分为四个阶段：1947 年独立到 20 世纪 50 年代末、20 世纪六七十年代、20 世纪八九十年代、20 世纪

---

① 更多信息，请参考塔塔信托网站 Tata Trusts，http://www.tatatrusts.org/aboutus/index_SDTT/aboutusindex_sdtt。
② 1887 年西孟加拉商会是印度成立的第一个商会，但是地方性的。
③ 另可参见全印工会大会介绍，https://www.britannica.com/topic/All-India-Trade-Union-Congress。

90 年代后期到现在。

　　在独立初期的十几年里，独立前的福利或发展性民间组织继续沿原来方向发展，而当年侧重社会改革的组织后先转为独立运动的组织，在印度独立后则进一步转化成政治类组织。1947 年印度独立后，在尼赫鲁执政时期，由国大党一党执政，政治上推崇民主社会主义，经济上推崇苏联模式的计划经济，政府在福利和发展方面注重投入，同时，也没有完全忽视民间组织的补充作用。政府在第一个五年计划中提出，经济社会领域的计划要尽量把在这个领域的服务提供者纳入进来，并与他们合作（Samaj，2009：2）。1953 年，中央政府还专门成立了一个中央社会福利委员会（Central Social Welfare Board，CSWB），来推动和资助社会福利服务的开展，并协调提供福利服务的民间组织工作（Samaj，2009：2）。当年通过 CSWB 政府资助的民间组织获得的资助额达到2200 万美元（Sen，1993：9）。在独立后的前十几年里，印度民间组织主要是甘地类志愿组织和宗教类组织，前者侧重发展和赋权，后者侧重福利和赋权（Sen，1993：8）。在甘地类组织的推动下，这一时期的政府开展了一些福利型或发展型国家项目，如全国社区发展项目。同时，通过扶持基层自治组织（Panchayat）来实现地方化分权，很多农民协会和农村合作社在这一时期大量成立（Samaj，2009：2）。

　　20 世纪六七十年代，印度民间组织有了一些新的特点，如与国际组织互动增强，中产阶级开始关注福利问题，公司慈善、发展性国际民间组织、弱势群体的自我组织（subaltern organization）等开始出现（Sen，1993：10）。这是印度民间组织与国际社会重新互动的时期，这一互动帮助印度部分民间组织从草根志愿类向专业性组织转变。这一时期尤其值得关注的是印度民间组织与国际社会的互动及其影响。20世纪 60 年代中后期，印度发生了严重旱情，大量国际援助开始进入印度，并开始了与印度本土民间组织的合作（Samaj，2009：2）。另外，在海外接受过教育和培训的印度人开始进入民间组织工作，这在某种程度上帮助印度民间组织从草根志愿类向专业类转型（Samaj，2009，2）。

20 世纪 60 年代末，甘地类草根自助类组织大规模减少，大多数甘地类组织转化为国家福利项目的执行者（Sheth & Sethi，1991：52 – 53）。

此同时，20 世纪 70 年代的印度，国家运行面临着很多挑战，如锡克教运动、克什米尔叛乱、印度教民族主义等，这个时期政府对民间组织倾向于控制，要求民间组织去政治化，非营利发展型民间组织成为主导（Sen，1993：11 – 12）。1976～1977 年，英吉拉·甘地政府感觉国内反对势力太大，甚至根据印度宪法第 352 条于 1976 年宣布国家进入紧急状态，搁置所有基本权利，① 结果导致了民间力量的集结和组织化（Berglund，2009：24 – 25）。考虑到这一时期国际资金对印度民主机制运转的影响，1976 年，英吉拉·甘地政府还制定了《境外捐赠规制法》（*Foreign Contribution Regulation Act*），对党派、候选人、政府雇员、议员、法官、媒体、民间组织等接受海外捐赠进行了限制。②

20 世纪 80 年代的印度民间组织更加多元、活跃和政治化。英吉拉·甘地政府的紧急状态终究仍要受宪治的约束，紧急状态在 21 个月后宣布结束，印度从此进入了多党政治，民间组织的政治化日趋明显。大家讨论的话题已经从传统的治理和福利，转向权利和斗争（Sheth & Sethi，1991：53）。法院在国家治理中的作用日趋凸显。尤其是在 70 年代末 80 年代初，印度最高院放开了公益诉讼资格，即"当法律不公发生在某个或某一群人身上，而这些人又因为贫困、无助、残障、经济上或社会上处于弱势，不能到法院寻求救助时，任何公众都可以帮助他们落实法律……"（Cassels，1989：498）③。此后印度最高法院专门发布了一个公益诉讼指南，就可提起公益诉讼的事项予以详细列举。④ 在福利型、

---

① 关于印度 20 世纪 70 年代国家紧急状态的详情，请参考 Times of India，India Emergency Era，June 25，2015，https://timesofindia. indiatimes. com/india/indian-emergency-era/photostory/478 12701. cms。

② 该法立法背景及条文分析的介绍，请参考 http://indialiaison. com/foeign_contribution_regula-tion_act_1976. htm。

③ 另见判例 S. P. Gupta V. Union of India（1982），A. I. R. 1982 S. C. 149，189。

④ 印度最高院公益诉讼指南（修订于 2003 年 8 月 29 日），https://www. sci. gov. in/pdf/Guide-lines/pilguidelines. pdf。

发展型、宗教慈善型民间组织，公益诉讼的开放也让权利型民间组织快速发展。对于发展型或福利型民间组织，政府也加大了支持力度，到拉吉夫·甘地时期，印度政府对民间组织的作用，尤其在农村发展方面的作用，更加重视，第七个五年计划正式确认民间组织在农村发展中的必要角色，并且政府支持的资金力度也在加大（Jalali，2008：173）。

自 20 世纪 80 年代中后期开始，印度开始了经济自由化改革。国际上，冷战结束后民间组织快速发展，如 20 世纪近一半的国际民间组织是在 20 世纪八九十年代成立的（Weiss，2013：4）。发达国家通过国际民间组织对发展中国家开展援助成为常态，印度也是非常大的捐赠接受国，比如印度 1998～1999 年接受的国际资助是 1986 年的 15 倍（Biswas，2006：4408）。这对印度本土草根志愿组织是个巨大冲击，因为后者是小规模的自助型组织。一些草根志愿组织代表，如 Bunker Roy 先生就给印度内政部写信，要求修改《境外捐赠规制法》，认为境外资金让一些在印度本土本无法存活的民间组织存活下来，而且产生了大型民间组织，吞噬了社区自治型组织的生存空间（Roy，1996）。印度 2000 年的《境外捐赠规制法》修订对此有比较好的回应。

自 20 世纪 90 年代末开始，印度民主运行和国际化程度进一步加深，印度民间组织在立法政策方面的影响也日趋加深。如导致 2005 年出台的《知情权法案》（*Right to Information Act*）就是不同民间组织和利害相关人共同努力的结果，从 80 年代末期 MKSS（Mazdoor Kisan Shakti Sangathan）在拉吉斯坦邦领导的村务公开运动开始，后吸引其他民间组织和记者等陆续参加，进一步扩展到关注联邦政府的信息公开，直到《知情权法案》通过（Singh，2014：6-10）。另一个例子是在印度的五年计划制订中为民间组织正式参与讨论确立机制（Singh，2014：10-13）。从 50 年代开始，尼赫鲁学习苏联模式，开始了印度的计划经济传统，印度每五年制订一次计划，但是其制订一般都是自上而下。2000 年初，科拉拉邦的一个侧重研究叫 Kerala Sasthra Sahitya Parishad 的智库发起了一场运动，从而推动科拉拉邦建立了民间组织参与五年计划制定的正式机制（Singh，2014：10-11）。这种参与式民主实验很快被全国的民间组织所关注和推动，2007年联邦政府出台了《志愿部门国家政策》（*National Policy for the voluntary Sector*），旨在梳理和强化政府与民间组织的关系（Samaj，2009：4）。与此同时，致力于全国政策制定的跨邦民间组织联合形式开始出现，如一个由3000多民间组织参与的联合Wada Na Toda Abhiyan成立（Singh，2014：11）。到2010年8月，印度规划委宣布民间组织成为第十二个五年计划订制的正式参与者（Singh，2014：12）。此外，反腐机制的社会运动也在进行中。2011年后，印度社会活动家们还发起了一次关于反腐的运动，希望推动印度建立类似于中国香港的廉政公署这样的正式反腐机制（Singh，2014：13-17），此运动还在进行中。

二 印度民间组织的规制

在印度的权力配置中，政府的权力从来没有像中国那么集中。不论在英殖民时期还是独立后，国家在权力运行中总是与强大的宗教和传统势力进行分权，这种传统与宗教势力在民间组织的发展和身份认同上也产生着同样的影响力（Berglund，2009：20）。这对印度民间组织类型发展有很大影响。与此同时，印度摆脱殖民统治的模式及印度现有的宪治结构，对印度民间组织的发展和规制也有不小影响。

1. 印度民间组织的分类

正如前面所言，在国际上为民间组织寻找一个统称是很难的，在印度的现实背景下，这一努力变得更难。印度的民间组织五花八门，很难用有限的国际学术概念类型去概括它们。本土学者的研究视角和民间组织的自我身份定位也经常不一致。即便在本土学者中，关于使用何种统称及应该包含的民间组织范围，也会随着时间的变迁而变化。

从概念上，印度民间组织的自我认同非常多元。学者Siddhartha Sen在访谈中就发现，民间组织在自我身份认同上有近二十种，如志愿类协会（voluntary associations）、志愿类组织（voluntary organizations）、志愿类中介（voluntary agencies）、慈善型组织（philanthropic organizations）、福利型组织（welfare organization）、行动组合（action groups）、无党派政治组合（non-party political groups or non-party political formations）[①]、社会行动组合（social action groups）、人民组合（people's groups）、妇女组织（women's organizations）、无党派非政府组织（non-party non-government organizations）、社会底层群体组织（subaltern organizations）、非政府组织（non-governmental organizations）、政府组织的非政府组织（government organized NGOs）、教会组织（church organizations）、天主教组合（christian groups）、非天主教的宗教类组合（religious groups）及社区发展组织（community based organizations）等（Sen，1993：15）。

　　学术研究中试图通过分类的方式去提炼，即便分类本身，也非常多元。学者 B. S. Baviskar 对印度学者关于民间组织的分类进行了梳理，发现类型多元、交叉。如 Shah 和 Chaturvedi 于 1983 年将民间组织分为技术管理型、改革型和极端型；Elliot 于 1987 年将民间组织分为慈善型、发展型和赋权型；Hirway 于 1995 年将古吉拉特的民间组织分为福利型、发展型、赋权型；Iyengar 于 1998 年将古吉拉特民间组织分为甘地型、服务提供型、职业化型、动员型；Korten 在 1990 年将印度独立后民间组织分为三个阶段：救灾、福利型，小规模社区发展型，社区组织动员与整合型（Baviskar，2001：5）。印度有一些自助型组织还是比较成功的，如自雇妇女协会（Self-Employed Women's Association）等（Baviskar，2001：6）。这类组织可能被归于发展型，也可能被归于甘地型，还可能被归于赋权型。近些年来，还出现了一些为民间组织提供信息、服务及资源对接的民间组织，如印度慈善中心（Indian Centre for Philanthropy）、印度慈善促进中心（the Center for Advancement of Philanthropy）、

---

　　① 是指那些不支持任何党派、不参与任何选举，但支持民众参与政策制定和决策的志愿性组织。

慈善捐助基金（Charities Aid Foundation）、信用联盟（Credibility Alliance）等（Samaj，2009：2-3）。这些也很难划分到上述分类中。上述学术上的概念分类，只在特定语境下辅助于特定问题的说明。

从法律上，我们在这里主要介绍三类民间组织：社团、信托和非营利公司（社会企业），合作社、工会和政治类的组织等就不在本文中介绍了。慈善信托或公共信托的注册管理，主要适用于 1890 年的《慈善捐助法案》和 1920 年的《慈善与宗教信托法案》及邦一级通过的慈善信托法案，如 1950 年通过的适用于马哈拉施特拉邦的《孟买公共信托法案》。印度 1882 年通过的《信托法》，主要适用私人信托。社团则是根据 1860 年的《社团注册法案》注册民间组织。[①] 除了以社团、慈善信托形式注册外，印度《公司法》（2013）第 8 条（1956 年《公司法》第 25 条）还提供了一种非营利的有限责任公司注册形式。

2. 印度民间组织的规制模式

印度民间组织的规制模式，跟中国有很大不同，跟美国等发达国家也不相似。在这里，我们主要从三方面讨论：组织注册、免税待遇和接受外国捐赠规制。

（1）组织注册

印度的民间组织不以是否注册作为合法存在的前提，但是，注册会帮助民间组织在税收优惠、国内筹款和接受国际捐助方面享有便利或政策支持。印度存在大量的自助型社区志愿组织，他们不需要注册。但是，民间组织若需要国内筹款、给捐赠者以税收优惠或接受国外捐助，则需要相应的注册。关于组织注册，在这里主要介绍三类：社团注册、信托注册和非营利有限责任公司注册。

社团注册。1860 年《社团法案》规定，7 人以上可成立社团，外国公民或公司也可以成为会员，其目的主要为推动艺术、科学、政治教

---

① 更多关于社团注册的信息，请参考 All About Society Registration In India，July 14，2018，https：//cleartax. in/s/society-registration-india。

育、文学、体育、慈善等，也有个别邦允许将推动工业或农业发展作为目的（Sen，1993：17 - 18）。只有注册的社团才可以拥有财产，作为独立主体参与诉讼等。① 社团的注册属于邦政府的管辖范围。社团注册，首先需要有名称，名称不能违反印度 1951 年出台的《徽标与名称法》。② 提交的材料包括：创始会员签署的请求注册的信函、创始会员签名并公证的社团协议、创始会员签名并公证的社团运行规则和规定（类似于章程）、社团主席或秘书长的宣誓书、社团注册地址的证明（房东不反对的确认书）。③ 当然，《社团法案》里面也有定期选举的要求。

　　信托。在印度，信托分为公共慈善信托和私人信托两种。关于公共慈善信托的组织注册，联邦一级没有专门的法律，从程序上主要根据《注册法》走登记流程，但具体注册规定中一般会参考《社团法案》或《公司法》（2013）第 8 条的相关规定；④ 其规制则分散在 1863 年的《宗教捐助法案》（关于清真寺、印度教庙等宗教财产管理及纠纷适用法院管理的规定）、1890 年的《慈善捐助法案》（关于受托财产的管理）、1913 年的《正式受托人法案》（受托人的权利和义务）、1920 年的《慈善与宗教信托法案》（关于信托的管理及法院在信托管理中的建议角色）、《民事诉讼法》（1908）第 92 条（违反信托的责任）（Sen，1993：19）。有些邦还通过了自己的法律，如马邦就公共信托的注册适用 1950 年通过的《孟买公共信托法案》，该法案要求公共、慈善和宗教信托都要按照《社团注册法案》注册，比普通注册法的程序略复杂些（Sen，1993：20）。关于宗教和慈善信托中政府的角色，《宗教捐助

---

① 更多关于社团注册的信息，请参考 Societies Registration in India, https://www.indiafilings.com/learn/society-registration-india - 2/。
② 更多有关社团注册信息，请参考 Societies Registration in India, https://www.indiafilings.com/learn/society-registration-india - 2/。
③ 更多有关社团注册信息，请参考 Societies Registration in India, https://www.indiafilings.com/learn/society-registration-india - 2/。
④ 关于慈善信托注册信息，请参考 Registration Process of Public Charitable Trust, https://ngosindia.com/ngo-registration/trust-registration/registration-process-public-charitable-trust/。

法案》和《慈善捐助法案》强化权利向受托人或管理人转移；1920 年的《慈善与宗教信托法案》则进一步强化了政府的角色（Saxena，2017：448）。公益慈善信托在税收优惠上，类似于社团。

个人信托则主要由 1882 年的《信托法》调整。该法第三条界定的私人信托有几个条件：一是信托必须基于财产（动产或不动产），而不是基于身份；受托人将自己有所有权的财产交由信托人实际控制；为了第三人的利益或为实现特定目的（Saxena，2017：9）。信托是基于所有权与用益权的分离以及委托人与受托人的信义关系（Saxena，2017：11）。印度信托法不适用于印度教大家族的财产管理（Karta），也不适用于宗教、慈善类公共信托（Saxena，2017：6）。当然，有些信托是公共信托还是私人信托，区分也不容易，比如只为追随自己信仰的弟子设立的信托，可否为私人信托，界限并不明晰，一些案例中将其认定为私人信托。在印度，信托享有法人资格，也可以成为名誉权的原告。[①] 信托要到登记办公室（Register Office）登记。登记材料准备中，关键的部分是信托契约或信托协议，包括信托目标，委托人、受托人（通常不少于两人）、受益人信息，受托人理事会的信息，银行账号信息，信托财产的具体信息，受托人的受托期限，受托服务支付标准，信托收入来源、工作范围和活动开展方式，向受益人的支付方式或如何将信托收益用于特定用途的活动，受托人的权利、义务及限制，修改信托协议的具体程序，及信托终止的条件等。

信托机构可以根据《所得税法》（1961）12AA 条申请免税资格，但只有将不低于 85% 的年度信托收入用于公益、慈善，如穷人救助、瑜伽、医疗救助、环境或文化遗产保护及其他为推动公共利益发展的事项，才可以申请免税资格。[②] 对于推动经济、商贸的信托，原则上不可

---

① 请参考判例 Damu Dagdu Patil v. Dilipsingh Pratapsingh Patil 2013 (6) Mah LJ, 2013 (7), ALL MR483。
② 关于慈善信托的税收优惠机制，请参考 Cleartax, Charitable Trusts and NGO-Income tax benefits, July 20, 2018, https://cleartax.in/s/charitable-trusts-ngo-income-tax-benefits。

以申请免税，除非这种推动是为了更广泛的社会利益，并且其收入不超过当年信托总收入的20%。① 关于宗教类信托可否申请免税，则取决于是否为公共，如果为家族或私人宗教信仰设立的信托则不能申请免税，但是，如果为特定信仰非家族教徒的则可以。②

非营利有限责任公司（简称第八条公司）。1956 年公司法第 25 条、2013 年公司法第 8 条规定了非营利公司的设立，这是印度非营利组织的主要立法来源。根据《公司法》（2013）第 8 条和《公司注册规定》第 8（7）条、第 19 条、第 20 条、第 21 条、第 22 条和第 23 条等的规定，任何个人或联合他人都可以申请设立第八条公司，合伙企业及现有的其他公司也可以申请变成第八条公司，但个人独资公司除外（Dudhela，2015：3）。根据《公司注册规定》（2014）第 8（7）条规定，第八条公司在名称中不得带有"有限公司"，只能用"基金会""论坛""联合会""协会""商会""委员会"等（Dudhela，2015：4）。2016 年的修订改成了不鼓励使用有限公司而不是禁止③。第八条公司在目的上，主要是推动商业、艺术、科学、体育、教育、研究、社会福利、慈善、环境保护等。第八条公司的收入都要用于其公司目的，禁止分红（Dudhela，2015：5）。《公司注册规定》对如何新成立第八条公司和现有公司如何转化成第八条公司都予以具体列明。现有法律法规也规定了第八条公司如何转化成其他类型的公司（Dudhela，2015：8～9）

虽然第八条公司可以根据《所得税法》12AA 申请免税资格，但即使申请成功，也有免税数额的限制，对普通的非营利组织，可获得年度免税的数额约为 250000 卢比（大约 25000 元人民币），对非营利医院等

---

① 关于慈善信托的税收优惠机制，请参考 Cleartax, Charitable Trusts and NGO-Income tax benefits, July 20, 2018, https://cleartax. in/s/charitable-trusts-ngo-income-tax-benefits。
② 关于慈善信托的税收优惠机制，请参考 Cleartax, Charitable Trusts and NGO-Income tax benefits, July 20, 2018, https://cleartax. in/s/charitable-trusts-ngo-income-tax-benefits。
③ 关于《公司注册规定》2016 修订情况，请参考 Amendment to Company Incorporation Incorporation Rules, http://www. rna – cs. com/amendments-to-the-company-incorporation-rules/。

会根据其毛收入限定数额,[①] 总体上比信托形式的免税要求更严。

(2) 税收减免注册与海外捐赠规制

税收优惠,除了上面提到的申请免税资格外,收入税法还提供了其他一些途径。第一种是根据 1961 年《收入税法》80G 规定的税收优惠注册制度,这要求从事纯慈善性质的社区志愿性组织到税务部门登记注册,以获得一种给捐赠者开具的特种捐赠发票,捐赠者可持该发票去申请税收减免,最高可得到捐赠数额 50% 的减免 (Kanoi, 2018)。这是适用范围最广的一种的慈善捐赠税收优惠制度 (Samaj, 2009: 3)。在此情形下,民间组织不需要组织注册,只需要做税收注册。

第二种是根据 1961 年《收入税法》35AC 向财政部下面的收入司主管的促进社会经济福利委员会 (Committee for Promotion of Social and Economic Welfare) 申请 100% 税收减免的项目。[②] 这类只适用已经进行机构注册的民间组织,而且只适用被审批的特定项目,通常是科研类项目 (Samaj, 2013: 3)。具体机构的适用类型还要看对特定类型机构的要求。

第三种是 35 条 (I-III) 还提供了另一种 100% 税收减免的方式,但主要是针对大学、研究型智库等非营利部门 (Samaj, 2013: 3)

关于民间组织接受境外捐赠,则主要通过《境外捐赠规制法》(*Foreign Contribution Regulation Act*) 来调整。《境外捐赠规制法》制定于 1976 年,分别于 2000 年和 2010 年做过两次重大修订,其当时的立法目的是调整境外资金对印度选举及其他政治运作的影响,所以,《境外捐赠规制法》不仅规制民间组织,也规制公职人员和媒体 (Bhat, 2013: 160)。该法第 4 条设定了禁止接受境外捐赠或好处的群体,包括候选人、媒体人、法官、公务员、议员和政党。第 5 条规定非政党的政

[①] 对于非营利组织税收优惠情况,请参考 Income Tax filing of Non Profit Organizations, Sep. 30, 2017, http://taxscoop.in/entries/income-tax/income-tax-filing-of-non-profit-organizations。

[②] 关于 35AC 条款下的免税申请,请参考 35 AC: Tax Exempt, http://www.taxexemption.in/35ac.html。

治类组织一般不允许接受境外捐赠，除非得到中央政府的特批。第 6 条则规定，从事文化、经济、教育、宗教或其他慈善的组织从中央政府获得许可后可接受境外捐赠。境外捐赠许可的主管部门是内政部，该部门承担着印度国土安全的职责，被认为具有管控思维。

民间组织的境外捐赠许可，主要有两种方式。一种是成立满三年的组织，可向内政部申请五年期有效的许可；成立不到三年的或者列入管控名单的组织，则需要单笔申请。关于许可期限，1976 年的立法中没有期限限制，但 2010 年的修改将其限定为五年。莫迪上台后，正赶上 2015 年对境外捐赠许可进行五年复核的节点，在 33000 家获得境外捐赠许可的机构中，莫迪政府取消了 20000 家，引起了媒体的轩然大波。① 随后媒体调查发现，印度在 2016～2017 年民间组织接受的境外捐助从 1777.3 亿卢比（约合 177.7 亿元人民币）锐减到 649.9 亿卢比（65 亿人民币）（Chahan，2017）。被取消境外捐赠许可的机构，大多数因为技术违反，如申报不及时（Bhattacharya，2016）。当然，也有的是因为活动类型跟政府目的不符，如 2016 年底绿色和平被取消捐赠资格。

近些年，印度朝野对民间组织问责机制日趋关注。一向偏自由主义的印度最高院也于 2017 年明确提出，印度需要一个法律来规范民间组织的资金使用（Nair，2017）。最高院的理由是，在印度的 300 多万个民间组织中，大多数组织每年从印度政府或境外获得几千万卢比的资助，如 2002～2009 年，印度政府每年资助民间组织的数额平均达到 95 亿卢比（约 9.5 亿元人民币），媒体发现境外捐助的数额也非常庞大，如前面提到 2016～2017 年达到 177.7 亿元人民币（Chahan，2017）。但印度民间组织申报年度财务信息的只占 10%（Nair，2017）。2018 年 7 月，科拉拉邦发生了水灾，印度政府拒绝国际援助，引发了激烈讨论。

① 关于境外捐助资格被吊销的情况，参考印度快报的报道，FCRA licences of 20, 000 NGOs Cancelled，Dec. 27，2016，Indian Express，http://indianexpress. com/article/india/fcra-licences-of-20000-ngos-cancelled-4447423/。

其中支持政府拒绝国际援助的核心理由是，"印度不喜欢现有国际援助操作模式，即外国政府通过国际民间组织提供给印度，同时由外国专家监督和外国机构操控，印度政府没有实际控制权"（Chaulia，2018）。这与 20 世纪 60 年代在旱灾中引入国际捐助时态度已不同。总体上看，印度对民间组织接受国际资金的规制趋严。

三　结论

印度民间组织的发展起始于 19 世纪初，早期主要受天主教的福利理念和印度教精英关于社会改革理念的影响，后逐渐逐渐世俗化，如世俗民间组织、企业商会、工会等陆续成立。这些民间组织在印度独立运动中也扮演了重要角色，尤其是甘地类型民间组织在基层动员方面发挥了不可替代的作用。独立后的印度继承了英殖民时期关于民间组织的主要立法，但民间组织的类型却随着经济社会的变化在逐步调整，从独立初期的福利服务提供组织，到 20 世纪六七十年代与国际民间组织互动后进行相对专业化发展的组织，到八九十年代的权利型、政治型组织的发展，再到 2000 年之后探索更机制化的深度参与立法政策制定及服务于民间组织的民间组织的快速发展。

在规制方面，本文主要介绍了三类社会组织：社团、信托和《公司法》（2013）第八条非营利公司。除此之外，文中还介绍了印度民间组织可申请的税收优惠类型和途径。印度对境外民间组织的规制，主要从资金流入上，而不是从机构注册或活动开展上切入。当然，政府也会从技术违反层面去限制不听话的民间组织接受境外资金。另外，印度民间组织也面临着严重的问责问题，连一向自由主义的法院也在最近呼吁应该尽快出台民间组织资金使用立法。

【参考文献】

Bala, R. 2014. "Voluntary Organizations in India," *International Journal of Information and Futuristic Research*, 1 (5): 349 – 355.

Baviskar, B. S. 2001. "NGOs and Civil Society in India," *Sociological Bulletin*, 50 (1): 3 ~ 15.

Berglund, H. 2009. "Civil Society in India: Democratic Space or Extension of Elite Domination," Working Papers, Department of Political Science of Stockholm University, http://www. socant. su. se/polopoly_fs/1. 129706. 1364285702! /menu/standard/file/berglund_civil_society_in_india_oct_2009. pdf, 1 – 28.

Bhat, I. 2013. "Balancing Transnational Charity with Democratic Order, Security, Social Harmony, and Accountability: A Critical Appraisal of the Foreign Contribution Regulation Act 2010," *Journal of Indian Law and Society*, 4: 155 – 182.

Biswas, N. 2006. "On Funding and NGO Sector," *Economic and Political Weekly*, 41 (42), 4406 – 4411.

Cassels, J. 1989. "Judicial Activism and Public Interest Litigation in India: Attempting the Impossible?," *The American Journal of Comparative Law*, 37: 495 ~ 519.

Chahan, N. 2017. "Drastic Reduction in Foreign Funding to NGOs: Govt to RS, Times of India," Dec. 20, 2017, http://timesofindia. indiatimes. com/articleshow/62181970. cms? utm_source = contentofinterest&utm_medium = text&utm_campaign = cppst, https://www. indiatoday. in/mail-today/story/supreme-court-ngos-regulation-centre – 973790 – 2017 – 04 – 27.

Chaulia, S. 2018. "India right to spurn foreign disaster relief," Nikkei Asian Review, https://asia. nikkei. com/Opinion/India-right-to-spurn-foreign-disaster-relief.

Dudhela, C. S. R. 2015. "Incorporation and Management of a Section 8 Company" (The Companies Act, 2013), presented at Study Circle Meeting on Jan. 31st 2015 organised by The Ahmedabad Chapter of WIRC of ICS, https://

www. icsi. edu/Portals/25/Presentations/Salient% 20Features% 20of% 20Sec% 208% 20Company. pdf，1 ~ 67.

Hirji，S. 1984. "Book Review of R. M. Lala's The Heartbeat of A Trust—Fifty Years of the Sir Donabij Tata Trust，" The Philanthropist，1984，https：//thephilanthropist. ca/original-pdfs/Philanthropist − 7 − 3 − 698. pdf，57 ~ 61.

Jalali，R. 2008. "International Funding of NGOs：Bring the State Back In," *Voluntas：International Journal of Voluntary and Non-profit Organizations*，19（2）：161 ~ 188.

Kanoi，S. 2018. "Deduction U/s. 80G of Income Tax Act," 1961 for donation，June 28 2018，Tax Guru，https：//taxguru. in/income-tax/all-about-deduction-under-section-80g-of-the-income-tax-act-1961-for-donation. html.

Nair，H. V. 2017. "Supreme Court to Centre：Make a law to regulate NGOs," disbursal of funds，India Today，April 27，2017 https：//www. indiatoday. in/mail-today/story/supreme-court-ngos-regulation-centre − 973790 − 2017 − 04 − 27.

Roy，B. 1996. "Open Letter to Home Minister：Foreign Funds and Threat to Voluntary Sector," *Economic and Political Weekly*，3161 ~ 3162.

Samaj，P. 2009. "Overview of Civil Society Organizations in India," Asia Development Bank Civil Society Briefs，https：//www. adb. org/publications/overview-civil-society-organizations-india，1 ~ 11.

Saxena，P. P. 2017. "Trust and Charities," Vol. 37，Halsbury Laws of India，Lexis-Nexis，2nd Edition.

Sen，S. 1993. "Defining the Nonprofit Sector：India," in L. M. Salamon and H. K. Anheier Ed. No. 12 Working Papers of the John Hopkins Comparative Nonprofit Sector，1 ~ 33.

Sheth，D. L. and Sethi，H. 1991. "The NGO Sector in India：Historical Context and Current Discourse," *Voluntas：International Journal of Voluntary and Nonprofit Organizations*，2（2）：49 ~ 68.

Singh，R. 2014. "Civil Society and Policymaking in India：In Search of Democratic Spaces," published by the Center for Democracy and Social Actions，Sponsored by Oxfam India, https://www. oxfamindia. org/sites/default/files/WP7-Civil-Sc-ty-n-plcy-mkg-in-India. pdf, 1 ~ 23.

Weiss, T. C. 2013. D. Conor Seyle, Kelsey Coolidge, "The Rise of Non-State Actors in Global Governance," One Earth Future's discussion paper series, https://acuns. org/wp-content/uploads/2013/11/gg-weiss. pdf, 4 ~ 26.

稿约及体例

　　《中国第三部门研究》（*China Third Sector Research*）是由上海交通大学国际与公共事务学院、上海交通大学中国公益发展研究院、上海交通大学第三部门研究中心主办，上海交通大学中国公益发展研究院院长、上海交通大学第三部门研究中心主任徐家良教授担任主编，社会科学文献出版社出版的专业性学术期刊，每年出版 2 卷，第一卷（2011年 6 月）、第二卷（2011 年 11 月）、第三卷（2012 年 6 月）、第四卷（2012 年 12 月）、第五卷（2013 年 8 月）、第六卷（2013 年 12 月）、第七卷（2014 年 6 月）、第八卷（2014 年 12 月）经由上海交通大学出版社公开出版。从第九卷开始由社会科学文献出版社出版，现在已经出版至第 15 卷。

　　本刊的研究对象为第三部门，以建构中国第三部门发展的理论和关注现实问题为己任，着力打造第三部门研究交流平台。本刊主张学术自由，坚持学术规范，突出原创精神，注重定量和定性的实证研究方法，提倡建设性的学术对话，致力于提升第三部门研究的质量。现诚邀社会各界不吝赐稿，共同推动中国第三部门研究的发展。

　　《中国第三部门研究》设立四个栏目："主题论文""书评""访谈录""域外见闻"。"主题论文"栏目发表原创性的理论和实证研究文章；"书评"栏目发表有关第三部门重要学术专著评述的文章；"访谈录"栏目介绍资深学者或实务工作者的人生经历，记录学者或实务工作者体验第三部门研究和实践活动的感悟；"域外见闻"栏目介绍境外第三部门研究机构和研究成果。

《中国第三部门研究》采用匿名审稿制度，以质取文，只刊登尚未公开发表的文章。

来稿请注意以下格式要求：

一、学术规范

来稿必须遵循国际公认的学术规范，项目齐全，按顺序包括：中英文标题、作者姓名、工作单位和联系方式、中英文摘要及关键词、正文、参考文献。

（一）标题不超过 20 字，必要时加副标题。

（二）作者：多位作者用空格分隔，在篇首页用脚注注明作者简介，包括工作单位、职称、博士学位授予学校、博士学位专业、研究领域、电子信箱。

（三）摘要：文章主要观点和结论，一般不超过 300 字。

（四）关键词：3~5 个，关键词用分号隔开。

（五）正文：论文在 10000~25000 字，书评、访谈录、域外见闻 2000~8000 字。

（六）作者的说明和注释采用脚注的方式，序号一律采用"①、②、③……"每页重新编号。引用采用文内注，在引文后加括号注明作者、出版年份，如原文直接引用则必须注明页码，详细文献出处作为参考文献列于文后，以作者、书（或文章）名、出版单位（或期刊名）、出版年份（期刊的卷期）、页码排序。文献按作者姓氏的第一个字母依 A–Z 顺序分中、英文两部分排列，中文文献在前，英文文献在后。作者自己的说明放在当页脚注。

（七）数字：公历纪元、年代、年月日、时间用阿拉伯数字；统计表、统计图或其他示意图等，也用阿拉伯数字连续编号，并注明图、表名称；表号及表题须标注于表的上方，图号及图题须标注于图的下方，例："表 1 ……""图 1 ……"等；"注"须标注于图表下方，以句号结尾；"资料来源"须标注于"注"的下方。

（八）来稿中出现外国人名时，一律按商务印书馆出版的《英文姓名译名手册》翻译，并在第一次出现时用圆括号附原名，以后出现时不再附原名。

二、资助来源

稿件如获基金、项目资助，请在首页脚注注明项目名称、来源与编号。

三、权利与责任

（一）请勿一稿数投。投稿在 2 个月之内会收到是否刊用的通知，会把意见反馈给作者。

（二）文章一经发表，版权即归本刊所有。凡涉及国内外版权问题，均遵照《中华人民共和国著作权法》及有关国际法规执行。

（三）本刊刊登的所有文章，如果要转载、摘发、翻译，请与本刊联系，并须得到书面许可。

四、投稿

《中国第三部门研究》随时接受投稿，来稿请自备副本，概不退稿。一经发表，即送作者当辑集刊 2 册。稿件请发至电子邮箱：cts@ sjtu. edu. cn。

五、文献征引规范

为保护著作权、版权，投稿文章如有征引他人文献，必须注明出处。本书遵循如下文中夹注和参考文献格式规范。

（一）文中夹注格式示例

（周雪光，2005）；（科尔曼，1990：52 ~ 58）；（Sugden，1986）；（Barzel，1997：3 - 6）。

（二）中文参考文献格式示例

曹正汉，2008，《产权的社会建构逻辑——从博弈论的观点评中国社会学家的产权研究》，《社会学研究》第 1 期，第 200 ~ 216 页。

朱晓阳，2008，《面向"法律的语言混乱"》，中央民族大学出版社。

詹姆斯·科尔曼，1990，《社会理论的基础》，邓方译，社会科学文献出版社。

阿尔多·贝特鲁奇，2001，《罗马自起源到共和末期的土地法制概览》，载徐国栋主编《罗马法与现代民法》（第 2 卷），中国法制出版社。

（三）英文参考文献格式示例

North，D. and Robert Thomas. 1971. "The Rise and Fall of the Manorial System：A Theoretical Model. " *The Journal of Economic History*，31（4），777 – 803.

Coase，R. 1988. *The Firm*，*the Market*，*and the Law*. Chicago：Chicago University Press.

Nee，V. and Sijin Su. 1996. "Institutions，Social Ties，and Commitment in China's Corporatist Transformation. " In McMillan J. and B. Naughton（eds.)，*Reforming Asian Socialism：The Growth of Market Institutions*. Ann Arbor：The University of Michigan Press.

六、《中国第三部门研究》联系地址方式

上海市徐汇区华山路 1954 号

上海交通大学徐汇校区新建楼 123 室

上海交通大学中国公益发展研究院

上海交通大学第三部门研究中心

邮　编：200030　　　电　话：021 – 62932258

联系人：梁家恩　　　手　机：15000248864

致 谢

金锦萍（北京大学）、柯江林（北京师范大学）、董强（中国农业大学）、杨立华（北京大学）、管兵（中山大学）、纪莺莺（上海大学）为《中国第三部门研究》第 15 卷进行匿名评审，对他们辛勤、负责的工作表示衷心的感谢！

CHINA THIRD SECTOR RESEARCH
Vol. 16 (2018)

Table of Contents & Abstracts

Articles

Autonomous Co-governance: The Realization Path of Environmental
Good Governance in Urban Communities: Based on the Practical
Experience of the M Community in Shanghai

Abstract: The issue of environmental governance in urban community is
an important social topic in the dual practice of innovative urban environmental
governance and social governance. Based upon the practice analysis on the M
community environmental governance in Shanghai, this paper constructs an an-
alytical framework of autonomous co-governance, which includes four ele-
ments: resident autonomy, social participation, corporate responsibility and
government embedding. Resident autonomy is the residents'environmental
self-governance actions to through certain organizational forms and with certain
institutional carriers; social participation is the participation of outside social

forces in community environmental governance through organizational mobilization and business guidance; corporate responsibility means that enterprises process consciously fulfill the social responsibility of protecting the community environment and promoting ecological civilization in the production and operation; government embedding is based on embedded governance, and the government guides and intervenes in the direction of community environmental governance. Autonomous co-governance is the process of multi-stakeholder interaction in practice. In this process, various stakeholders form a community-based governance synergy and promote the realization of urban community environmental good governance.

Key words: urban community; environmental governance; autonomousco-governance; good governance

The Practical Logic and Mechanism of the Dislocation of the Goal of the Associated Organization: An Empirical Study Based on T Community in Guangdong Province   *Hu Huihua Huang Xunjin* / 24

Abstracts: The associated organization compared with other social organizations have stronger legitimacy and economic resources, instead of actual running show of excessive dependence on government. This situation goes against the existing theory of "special facts" is worth thinking about. In order to reconstruct the fact, this paper focuses on the working calendar and describes the special strategy and operation mechanism of the associated social organization on the basis of the case study of the T community. The study finds that the associated social organization chooses the target dislocation strategy because the risk of failure of internal operation, the "spillover effect" of the government subsidy and the multiple sex of the target. Additional finding shows that organizational objectives dislocation mechanism: in charge of the department leadership position determines the order of the department affairs and resource allocation, affect the department goal, implement the target dislocation arrangement. At the same time, through the general meeting of officials in attendance、 speeches and award ceremony at the difficult operation signals for corporate objectives dislocation seeking political and social legitimacy and legal cloak for the goal dislocation. This strategy can obtain certain result in the short term, but eventually could lead to the associated social organization development, to weak its fundamental goal, and to strengthen social management system transformation.

Keywords: the associated organization ; goal displacement; working calendar

From Environmental Conflict to Collaborative Governance: The Path Evolution Function of ENGO Study

Zhang Congcong   Zhu Zhaonan   Tao Chuanjin / 55

Abstract: Due to the presence market failure and government failure, market or government cannot solely take care environmental issues. Therefore the involvement of society plays a significant role in promoting and implementing environmental governance. This paper explains a case study to illuminate the role of the ENGO in dealing with mass incidents and introducing it into the path of collaborative governance. The study concludes that ENGO can construct the mutual trust, common goal, and balance the power pattern. Through these functions, the ENGO helps people to meet the prerequisites for collaborative governance, which is beneficial to mediate intensive environmental conflicts as well as makes a disordering, emotional, and violent scenario become an ordering, rational, and win-win situation by reaching collaborative governance. This study provides a solution for resolving environmental social conflicts and has a certain reference value for deepening the sonceptualize understanding of the participation of ENGO in social governance, as well as provides an empirical evidence for relevant departments to formulate management policies.

Key words：environmental conflict；collaborative governance theory；ENGO；conflicts resolution；function

Predetermined and Induced：The Research on Social Organizations' Strategies under the Environment of Government Purchasing Services
Xu Yuan / 76

Abstract：Government purchasing services has become a useful way to observe the relationship between the government and social organizations. And strategies of social organizations to safeguard their interests are increasingly concerned. The "institution-technology" environment of government purchasing services offers social organizations some spaces for developing. The government-owned and non-government-owned social organizations relying on organizational attributes and resources adopt different organizational strategies in order to undertake government purchasing services and obtain favorable positions in the situation with governmental purchasing. Government-owned social organizations rely on the strong support of government, get the legitimacy and resources of the institution, and exhibit the following strategies：institutionalized structure, network alliance, innovation within the system, project management. And these strategies can be called the predetermined action. Non-government-owned social organizations adjust their strategies to the specific environment in order to obtain the key resources for the survival and development. They exhibit the following strategies：resource-oriented action, social mobilization, administrative embededdness, business-oriented ideas, and professional orientation. And these strategies can be called induced action. Social organizations' strategies are important mechanisms to balance favorable and unfavorable factors in government purchasing environment.

Key words：government purchasing services in social organizations；"institution-technology " environment; organizational identity; organizations' strategies

Mission Verses Survival: Balance of Social and Commercial Goals of Social Enterprises in Yangtze River Delta *Tian Rong* / 100

Abstract: This article aims to discuss how the social enterprises balance their social and commercial goals against particular institutional environment. Sixteen social enterprises in Yangtze River Delta region were selected as cases, their current situation of profit or loss and the strategies they applied to balance their dual goals were analyzed in this article. This study argued that dual legal identities could be identified as a salient feature for these representatives of social organizations. Dual legal registration is a strategic response for these organizations to current uncertain institutional environment and philanthropic environment lacking tolerance. Comparing to social mission, survival is in a higher priority for most cases. The strategies of transferring market position from individual customers to business companies or governments are commonly applied by these organizations either developing from business sector or nonprofit sector to accomplish their commercial goals. The governance guarantee would be an important part for the accomplishment of social missions of these social enterprises.

Keywords: social enterprise; social mission; commercial goal

Social Organizations in Moralized Market: Market Segmentation and "Value-Interest" Dual-target Behavior *Yan Jun Meng Yang* / 125

Abstract: The academic field has reached broad consensus on the rapid development and significance of social organizations. In this context, it is of great theoretical and practical significance to explore the overall characteristics of the public welfare area and the behavioral logic of the micro-agents. The paper analyzes 23 social organizations cases from the Yangtze River Delta from the perspective of the classic proposition of economic sociology, "moralized market". The study found that the public welfare area in which social organizations are located and also has marketing characteristics. However, the difference with the general market is that the public welfare value not only creates a series of threshold conditions concerning the identification of market entities, but also shapes the market segmentation at the macro level as well as continue influencing the action process of social organizations to make it appear to the pursuit of "value-interest" dual-target equilibrium. Based on the above findings, the paper supports the concept of Voluntary Failure theory and finally puts forward some policies and research suggestions in order to guide the development of social organizations.

Keywords: social organization; moralized market; market segmentation; voluntary failure; "value-interest" dual-target behavior

Industry Association's Patent Innovation Effect and Its Mechanism: A Study From the Perspective of Corporate Social Capital Structure Dimension
Yang Yutu / 151

Abstract: China's industry associations have been outside the "national innovation system" for a long time. Their contribution to technological innovation has been underestimated. From the perspective of the corporate social capital structure dimension, this study uses the research data of the manufacturing enterprises in the Pearl River Delta and adopts a negative binomial regression model to analyze the effect of industry association patent innovation as well as its mechanism. The following conclusions can be drawn. Firstly, industry associations have a significant positive impact on patent innovation performance. Secondly, different types of corporate social capital have different mediating effects. Technological social capital is the largest one which followed by financing social capital, policy social capital, and talented people's social capital are the minimum. Thirdly, to compare with traditional industries, strategic emerging industries can more significantly increase patent innovation perform-ance. However, the type of industry does not play a significant role in regula-ting the patent innovation effect of industry associations and other intermediary variables.

Keywords: industry associations; corporate social capital; patent innova-tion performance; mediating effects

BOOK REVIEW

INTERVIEWS

INTRODUCTION OF RESEARCH INSTITUTION OVERSEAS

图书在版编目（CIP）数据

中国第三部门研究. 第 16 卷 / 徐家良主编. —— 北京：
社会科学文献出版社，2018.12
ISBN 978 - 7 - 5097 - 8890 - 5

Ⅰ.①中…　Ⅱ.①徐…　Ⅲ.①社会团体 - 研究 - 中国
Ⅳ.①C232

中国版本图书馆 CIP 数据核字（2018）第 281454 号

中国第三部门研究　第 16 卷

主　　编 / 徐家良

出 版 人 / 谢寿光
项目统筹 / 杨桂凤
责任编辑 / 胡庆英

出　　版 / 社会科学文献出版社·社会学出版中心（010）59367159
　　　　　地址：北京市北三环中路甲 29 号院华龙大厦　邮编：100029
　　　　　网址：www. ssap. com. cn
发　　行 / 市场营销中心（010）59367081　59367083
印　　装 / 三河市尚艺印装有限公司

规　　格 / 开　本：787mm × 1092mm　1/16
　　　　　印　张：15.25　字　数：216 千字
版　　次 / 2018 年 12 月第 1 版　2018 年 12 月第 1 次印刷
书　　号 / ISBN 978 - 7 - 5097 - 8890 - 5
定　　价 / 59.00 元

本书如有印装质量问题，请与读者服务中心（010 - 59367028）联系